mentor Lernhilfe

Deutsch

5./6. Klasse

Rechtschreib-Fehlerjagd

Abenteuer mit den Geisterkids

Alexander Geist

Mit heraustrennbarem Lösungsteil

Extra: Lerntipps zum Rechtschreiben!

mentor
Eine Klasse besser.

Über den Autor:
Alexander Geist, Lehrer für Deutsch, Psychologie und Ethik an einem Gymnasium, staatlicherSchulpsychologe

Redaktion: Elke Spitznagel, Staig-Weinstetten

Illustrationen: Andrea Naumann, Aachen

Layout: Peter Glaubitz unter Verwendung des Basislayouts von Barbara Slowik, München

Umwelthinweis: Gedruckt auf chlorfrei gebleichtem Papier.

Satz/Repro: OK Satz GmbH, München
Druck: Druckhaus „Thomas Müntzer“, Bad Langensalza
Printed in Germany · ISBN 3-580-63505-0

1. 2. 3. 4. 5. 06 05 04 03 02

Inhalt

Vorwort

Liebe Schülerin, lieber Schüler,

du willst etwas für deine Rechtschreibung tun? Gratuliere – den ersten Schritt zu weniger Fehlern hast du schon geschafft!

Bei den weiteren Schritten wird dich dieses Buch unterstützen. Oft kannst du die **Rechtschreibregel** nämlich **selbst entdecken:** So behältst du sie viel besser. Und Spaß macht es auch, denn hier erlebst du spannende Abenteuer mit den Geisterkids.

Bevor es losgeht, noch zwei Dinge:
- Lies zuerst die **Tipps zum Rechtschreib-Lernen** ab S. 113. Denn wenn du richtig lernst, hast du schneller Erfolg!
- Besorge dir ein extra Heft für manche Übungen und vor allem ein paar verschiedene Farbstifte und Textmarker. Denn du sollst immer wieder Wörter und Regeln anstreichen und ausmalen: **So lernst du leichter!**

Liebe Eltern,

wir freuen uns, dass Sie zu diesem Buch gegriffen haben. Denn es verpackt den Stoff nicht nur in eine spannende Abenteuergeschichte, sondern ist auch anders als andere Rechtschreib-Lernhilfen konzipiert:

- Es berücksichtigt die **Erkenntnisse der Gedächtnisforschung**, z. B. indem es Dinge, die leicht verwechselt werden können, zunächst getrennt und erst anschließend zusammen übt.
- Wie man das Rechtschreiben erfolgreich lernt und trainiert, steht in einem **Extra-Kapitel ab S. 113**. Lesen Sie diese Tipps und unterstützen Sie Ihr Kind bei der Umsetzung!

Bitte bedenken Sie: Die deutsche Rechtschreibung hat leider ihre Tücken und Ihr Kind benötigt viel Ausdauer. Motivieren Sie es und machen Sie ihm von Zeit zu Zeit eine kleine Freude.

Viel Erfolg bei der Fehlerjagd wünschen
der Autor Alexander Geist
(der heißt übrigens wirklich so!)
und der mentor Verlag

Die Geisterkids

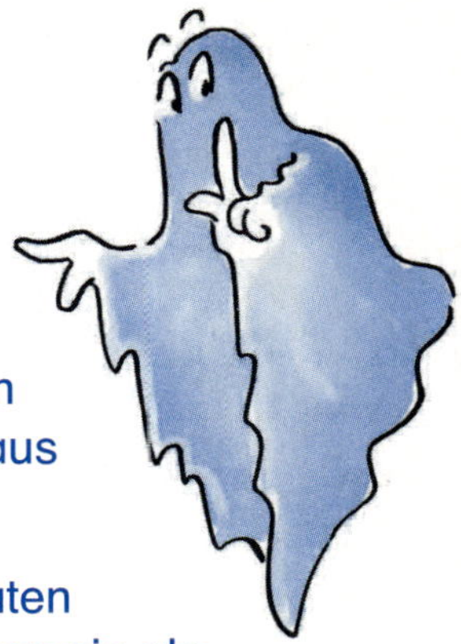

Es gibt gute und böse Geister. Das weiß jeder.

Aber im Fernsehen und Kino erfahren wir leider immer nur etwas über die bösen Geister – die Horrorgespenster mit ihren Vampirgebissen, die schlimmen Poltergeister, die Dämonen aus der Hölle …

Viel wichtiger für unser Leben und die Welt jedoch sind die guten Geister: die weisen, hilfsbereiten Wesen. Dem einen erscheinen sie als Schutzengel. Dem anderen helfen sie, indem sie ihm einen Geistesblitz schicken, wo zum Beispiel er den Schlüssel hat liegen lassen, den er seit Tagen sucht. Und wieder ein anderer kann sich mit ihrer Hilfe plötzlich etwas merken, was zuvor einfach nicht in seinen Kopf ging.

Außerdem sorgen sie in einem ständigen Kampf dafür, dass die bösen Geister nicht die Übermacht gewinnen und die Welt ebenso böse, kalt und unmenschlich machen, wie die Horrormonster es selbst sind.

Um das alles zu lernen, müssen auch die guten Geister eine Art Schule besuchen und für eine Abschlussprüfung büffeln.

Danach aber folgt etwas, was in alten Zeiten auch die Handwerkslehrlinge taten: Sie gehen auf Wanderschaft.

So lernen sie die weite Welt kennen und erweitern ihr Wissen, damit sie umso bessere Gesellen und Meister ihres Faches werden.

Dieses Buch entführt dich in die Welt der guten Geister, genauer gesagt zu einer Gruppe von Geisterkindern, die eben ihre Schulzeit beenden. Auf ihrer großen Fahrt werden sie vieles erleben, vieles dazulernen, vielen Menschen helfen. Am meisten müssen sie sich mit dem Höllenwolf herumplagen ... mehr wird noch nicht verraten.

Am Ende – nach vielen Abenteuern und vielen Kämpfen – erringen sie die Meisterwürde ...

Dir helfen die guten Geister dabei, die verflixte Rechtschreibung zu lernen. Sie schicken dir die Geistesblitze, die dich zu einem guten Rechtschreiber machen.

Doch so weit sind wir noch nicht.
Zunächst einmal wirst du unsere kleine Geisterbande, die sich selbst den Namen „Geisterkids“ gegeben hat, kennen lernen ...

Finde nur das Zauberwort …

Wortbausteine

Viele Geister können zaubern. Zaubersprüche bestehen aus Wörtern. Ein falsches Wort, und die ganze Zauberei geht schief.

Deshalb ist die „Zaubersprachlehre" ein wichtiges Fach in der Geisterschule. Wichtig ist im Geisterland auch das richtige Schreiben der Wörter. Denn die Geister sind überzeugt: Wenn man die Wörter und Zaubersprüche falsch aufschreibt, wird bald auch die Zauberkraft der Geister am Ende sein.

Wörter richtig zu schreiben, kommt dir vielleicht manchmal auch wie Zauberei vor. Doch wenn du dieses Kapitel durcharbeitest, lernst du nicht nur die fünf Geisterkids kennen, sondern wirst auch selbst die Wörter besser beherrschen.

Hier gleich die erste Lektion, damit du ein richtiger Wortzauberer-Geist wirst!

Wörter bestehen aus Bausteinen:
Vorsilben + Wortstamm + Nachsilben oder Endungen.
Da die meisten Rechtschreibregeln sich nur auf den **Wortstamm** beziehen, musst du diesen sicher erkennen.

Übung 1
Lösung S. 128

Welche der drei Spalten enthält die Vorsilbe, welche den Wortstamm, welche die Nachsilbe bzw. Endung? Beschrifte die Tabelle.

	Geist	
	geist	lich
be	geist	ern
ver	geist	igt
	heim	lich
Ge	heim	nis
ver	heim	lichen
un	heim	lich

Marco, der Ruhige

„In der **Ruhe** liegt die Kraft", lautet ein Sprichwort. Marco könnte es **wahrlich** erfunden haben. Wenn alle um ihn herum **unruhig** sind, kann er sie **beruhigen**. Er **bewahrt** immer einen **ruhigen** Kopf. **Wahrhaftig**, er geht sogar **geruhsam** in die Kämpfe mit den **ruhelosen** Höllengeistern! Diese **Geruhsamkeit** ermöglicht ihm, Dinge **wahrzunehmen**, die helfen Probleme zu lösen. Außerdem liebt er die **Wahrheit**. Dass diese beiden Tugenden sehr wichtig sind, wird sich auf der Fahrt der Geisterkids **bewahrheiten**.

Übung 2
Lösung S. 128

Schreibe die Mitglieder der Wortfamilie **ruh**, die in dem Text über Marco vorkommen, so in die Tabelle wie bei dem Beispiel.

Vorsilbe	Wortstamm	Nachsilbe / Endung
	Ruh	e

Übung 3
Lösung S. 128

Umrahme den Wortstamm in den folgenden Wörtern der Wortfamilie **wahr**.

wahrlich, bewahrt, wahrhaftig, wahrzunehmen, Wahrheit, bewahrheiten

Wörter mit dem gleichen Wortstamm fasst man unter dem Begriff „**Wortfamilie**“ zusammen; sie sind ja miteinander verwandt. Was fällt dir bei der Schreibweise dieser Wörter auf?

Übung 4
Lösung S. 128

Ergänze den folgenden Satz.

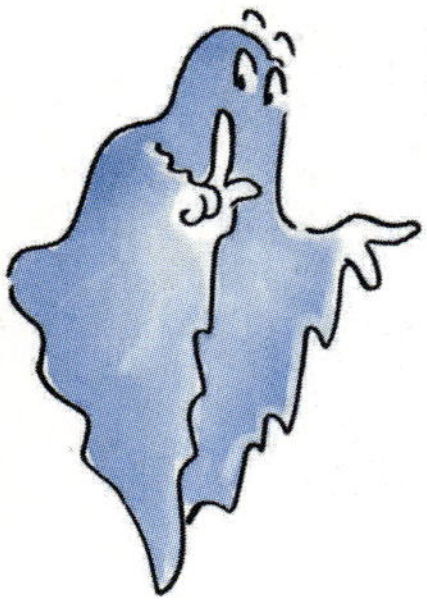

Der Wortstamm wird in fast allen Wörtern einer Wortfamilie .... geschrieben.

Diese Wortfamilienregel ist wie ein Zauberspruch, denn sie hilft dir sehr – selbst beim Schreiben ungewöhnlicher Wörter.

Wenn man die Schreibweise eines Wortfamilienmitgliedes kennt, kann man meistens auch die anderen Wortfamilienmitglieder schreiben.

Über Ausnahmen von dieser Regel reden wir später. Jetzt lernst du erst einmal ein weiteres Mitglied der Geisterkids kennen.

Sebastian, der Kluge (genannt der „Professor“)

Der klügste Geisterschüler ist Sebastian. Deshalb nennen ihn seine Freunde „Professor“. Er ist so klug, weil er viel geübt und gelernt hat. Aber glaubt nur nicht, dass er ein Streber ist! Er stellt sein unglaubliches Wissen nämlich jedem zur Verfügung, der selbst nur mühsam auf die Lösung eines Problems kommt. Man darf aber nicht so unklug sein und ihn wegen seiner Langsamkeit im Geisterwettrennen auslachen. Dann wird er zu einem zornigen Riesen und ist zu fast allem fähig!

Übung 5
Lösung S. 128

Umrahme bei den folgenden Wörtern wieder den Wortstamm.

klug, unklug, Streber, mühsam, Lösung, Langsamkeit, unglaublich, glaubt, zornig, fähig

Übung 6 Lass dir den folgenden kurzen Text diktieren. Die fett gedruckten Wörter sind mit den Übungswörtern von Übung 5 verwandt. Du kannst sie sicher schreiben!

Leonie, die Kämpferin

Leonie besitzt die **Klugheit** der Kampfgeister. Sie war bei dem **fähigsten** Lehrer und **strebte** erfolgreich danach, die älteren Meisterschüler **abzulösen**. Ihre Zeugnisse **beglaubigen** ihre riesigen **Fähigkeiten**.
Nur um eines muss sie sich **klugerweise** noch **bemühen**: ihre **Zornesanfälle** zu bändigen.

Leider gibt es keine Regel ohne Ausnahme. Der Wortstamm ändert sich nämlich manchmal leider schon. Die Änderung betrifft vor allem den Vokal (Selbstlaut) im Wortstamm:

- *klug – klüger – am klügsten*: Aus dem Vokal wird ein Umlaut.
- *lügen – log – gelogen*: Der Vokal ändert sich (Ablautung).
- *kommen – kam – gekommen*: Die Länge des Vokals ändert sich und damit natürlich auch die Schreibweise des folgenden Konsonanten (Mitlautes).

Bei solchen Änderungen stöhnen die Geisterkids! Sei einmal ein guter Geist und hilf ihnen bei der folgenden Übung im Fach Zaubersprachlehre.

Übung 7
Lösung S. 128

Ergänze die fehlenden Formen und umrahme den Wortstamm.

klug – klüger – am klügsten

das Haus – die Häuser – häuslich

dumm – .... – am ....

lang – .... – am ....

das Land – die .... (Plural) – ....lich

frieren – er .... (1. Vergangenheit)

Vorhin erwähnten wir schon, dass die Rechtschreibregeln vor allem für die Wortstämme gelten. Mit diesen Regeln beschäftigen wir uns erst später. Zunächst konzentrieren wir uns auf **Vor**- und **Nachsilben**. Deren Schreibweise ist nämlich recht einfach.

Alice, die Einfallsreiche

Der **wunderbarste Reichtum** von Alice sind ihre guten Ideen. Diese Gabe liegt seit **Urzeiten** in ihrer Familie. Damit konnten die guten Geister viele **unselige** und **furchtbare Geisterscheusale** **wirksam** vertreiben. Eines mochten ihre Lehrer freilich nicht an ihr: Alice war nie **gehorsam**. **Gehorsam** und **Einfallsreichtum** passen aber auch nicht zusammen.

Sprich die unterstrichenen Vor- und Nachsilben (z. B. *wunderbar, Reichtum, Urzeiten*) ganz normal aus.

Übung 8

Lösung S. 128

Welche der folgenden Aussagen über die unterstrichenen Vor- und Nachsilben stimmt? Kreuze die richtige an.

- ◯ Diese Vor- und Nachsilben werden kurz ausgesprochen.
- ◯ Diese Vor- und Nachsilben werden lang ausgesprochen.
- ◯ In diesen Vor- und Nachsilben kommt ein Dehnungs-**h** vor.
- ◯ In diesen Vor- und Nachsilben kommt kein Dehnungs-**h** vor.

Übung 9

Lösung S. 128

Bilde die Wörter und notiere sie in dein Übungsheft.
Beispiel: ess… + **bar** → essbar

furcht…, frucht…, wunder…, sonder…, begeh… + **bar**
verständnis…, ereignis…, mühe…, arbeits… + **los**
gehor…, wirk…, müh…, ein…, gemein… + **sam**
Schick…, Scheu…, Müh…, Trüb… + **sal**
müh…, arm…, un… + **selig**
Reich…, Eigen…, Alter…, Irr… + **tum**
Ur + …wald, …großvater, …sache, …mensch
ur + …alt, …plötzlich

John, der Artist

Der Fünfte im Bunde ist John, den seine Freunde und **Freundinnen** den „Artisten" nennen. Er jongliert mit **Kürbissen** und **Ananassen**, ohne dass ihm jemals ein **Missgeschick** passiert. Er liebt es auch, Saltos zu schlagen. In allen **Zeugnissen** hat er natürlich im Sport eine Eins. Allerdings ist er deshalb auch recht eitel, womit er nicht immer auf **Verständnis** stößt.

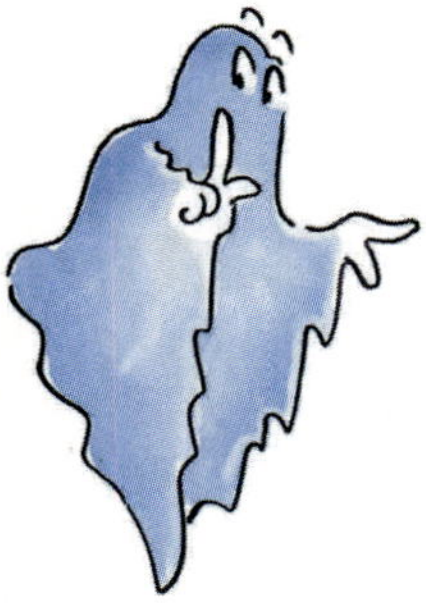

Einen **Doppelkonsonanten** gibt es in **Vor-** und **Nachsilben** nur **selten:**

- bei der Vorsilbe **miss-**
- im **Plural** (Mehrzahl) der Nachsilben **-in, -nis, -is, -as, -os, -us**

Übung 10
Lösung S. 129

Wie heißt das Gegenteil von ...?

Vertrauen – ....

Verständnis – ....

Achtung – ....

Übung 11
Lösung S. 129

Notiere in dein Übungsheft die folgenden Wörter untereinander und daneben den Plural. Unterstreiche die Endsilben.
Beispiel: Freund<u>in</u> – Freund<u>innen</u>

Zauberin, Lehrerin, Sportlerin, Tänzerin, Ärztin
Geheimnis, Missverständnis
Kürbis, Iltis, Albatros, Globus, Bus

Übung 12
Keine Lösung

Lass dir den Text über John diktieren.

Jetzt hast du eine Menge gelernt – und du kennst nun auch die Geisterkids. Viel Erfolg in den weiteren Übungen – und viel Spaß beim Lesen der Abenteuer der fünf Geisterkids.

Abschlussprüfung in der Geisterschule

Umgang mit dem Wörterbuch

Bevor die Geisterkids auf die große Fahrt gehen dürfen, müssen sie noch pauken – für die Abschlussprüfung in der Zaubersprachlehre. Natürlich bereiten sie sich gut vor und blättern viel in ihren Zauberwörterbüchern. Besonders oft müssen sie in den deutschen Wörterbüchern nachschauen.

Auch für dich können Wörterbücher eine große Hilfe sein. Üben wir den Umgang mit ihnen ein bisschen! Denn die Wörter stehen leider nicht immer da, wo man sie vermutet …

Grundsätzlich sind die Wörter nach ihren Anfangsbuchstaben geordnet. Bei Wörtern, die mit demselben Buchstaben beginnen, entscheidet der zweite Buchstabe über die Reihenfolge – und so weiter.

Übung 1
Lösung S. 130

Der böse Höllenwolf, der den Geisterkids noch viele Probleme bereiten wird, hat die Wörterliste durcheinander gebracht. Notiere sie in der richtigen Reihenfolge in dein Übungsheft.

Lexikon – Lift – Lied – lernen – lieb – Licht – lila – leuchten – Limonade – Lid – leugnen – Libelle – Lerche – Liebling – Lilie – letzte

Was du über Wortfamilien gelernt hast, brauchst du auch beim Nachschlagen im Wörterbuch. Denn die Wörter sind manchmal nach Wortfamilien geordnet.

- Fett gedruckt ist dabei der so genannte Haupteintrag; er ist sozusagen das Oberhaupt der Wortfamilie.
- Unter den Haupteinträgen stehen die Nebeneinträge, die weiteren Wortfamilienmitglieder. Viele Wörter, die du suchst, sind solche Nebeneinträge.

Beispiele:

Treue	findest du unter	*treu*
Kaugummi	findest du unter	*kauen*
sichtbar	findest du unter	*Sicht*

Nun wissen wir nicht, welches Wörterbuch du verwendest. Nicht in allen sind die Wörter gleich sortiert. Es könnte sein, dass du in dem einen Buch das Wort *bluten* unter dem Haupteintrag *Blut* findest, während in dem anderen *bluten* ein eigener Haupteintrag ist.

Übung 2
Lösung S. 130

Unter welchem Haupteintrag könnte man folgende Wörter finden? Notiere sie jeweils daneben.

zauberhaft – ....

gruselig – ....

Grausamkeit – ....

gespenstisch – ....

Training – ....

rötlich – ....

Bei Substantiven musst du im Wörterbuch die Form im Singular (Einzahl) suchen, bei Verben (Zeitwörtern) den Infinitiv (Grundform), bei Steigerungsformen von Adjektiven (Eigenschaftswörtern) die Grundform.

Beispiele:

Öfen	findest du unter	*Ofen*
er stank	findest du unter	*stinken*
am höchsten	findest du unter	*hoch*

Übung 3
Lösung S. 130

Schreibe neben jedes Wort – je nach Wortart – die Singularform (bei Substantiven) bzw. die Grundform (bei Verben und Adjektiven).

Gräser – ....

sie aß – ....

er hat gepfiffen – ....

älter – ....

Zusammengesetzte Wörter stehen manchmal unter einem Haupteintrag. Manchmal aber steht der Ausdruck gar nicht direkt im Wörterbuch, sondern nur seine Bestandteile.

Beispiele:

wegzaubern	suche	*weg*	und	*zaubern*
Gespensterschar	suche	*Gespenster*	und	*Schar*
verzaubern	suche	*zaubern*		

Übung 4
Lösung S. 130

Unter welchen Wörtern könnte man die folgenden Begriffe finden? Notiere sie jeweils daneben.

eiskalt – .... und ....
bärenstark – .... und ....
Höllengeist – .... und ....
voraussehen – .... und ....
erlösen – ....

Lass dich nicht entmutigen, wenn du ein Wort nicht sofort findest. Beispiele:
Du suchst das Wort *Clown*, weil du die Schreibweise des Lautes am Anfang nicht weißt. Dann musst du verschiedene Möglichkeiten in Betracht ziehen, wie man den Anfangslaut schreiben könnte (hier z. B. **K** und **C**).
Ein Wort wie *Quark* findest du unter **Qu**, nicht unter **Kw** (weil die Lautfolge **kw** im Deutschen immer mit **qu** geschrieben wird).

Umlaute (**ä**, **ö**, **ü**) werden verschieden behandelt:
- Einige Wörterbücher behandeln den Umlaut wie den entsprechenden Laut ohne Umlautstriche. Sie ordnen z. B. *Müll* zwischen *Mulde* und *Mumie* ein: *Mulde – Müll – Mumie.*
- Andere Wörterbücher behandeln **ä** wie **ae**, **ö** wie **oe**, **ü** wie **ue**. Die drei Beispielwörter werden dann folgendermaßen geordnet: *Müll (= Muell) – Mulde – Mumie.*

Schreibe jetzt dieselbe Abschlussprüfung wie die Geisterkids!

Übung 5
Lösung S. 130

Aufgabe 1: Ordne die Wörter in der richtigen Reihenfolge!

Pinsel, plagen, Pilz, prallen, Polster, pingelig, Prellung, pleite, Pinnwand, Pirat, Planet, Plastik, platzen, Plural, plappern

....

....

....

....

....

....

Aufgabe 2: Unter welchem Begriff bzw. unter welchen Begriffen findest du die folgenden Wörter im Wörterbuch?

Fledermäuse – ....

Drachenblut – ....

verquirlen – ....

Zappelgespenster – ....

er goss – ....

Aufgabe 3: Welche zwei Möglichkeiten gibt es, die folgenden Wörter in einem Wörterbuch anzuordnen?

Ruine rumpeln rülpsen

Möglichkeit 1: ....

Möglichkeit 2: ....

3

Die stinkende schwarze Blüte

k oder **ck**? **z** oder **tz**?

Jubel bei den Geisterkids: Sie haben die Prüfung bestanden. Endlich geht's los: die große Abschlussfahrt! Sie führt unsere Geisterkids zunächst in die Nähe des Nordpols. Dort passiert ihnen fast dasselbe wie der berühmten „Titanic": Sie stoßen plötzlich auf einen Eisberg. Wenn ihn Alice nur etwas später entdeckt hätte, hätten sie ihn voll gerammt. So schrammen sie an ihm vorbei. Dabei löst sich ein Eisbrocken und fällt auf das Schiff. In dem Eisbrocken steckt eine Flaschenpost und darin wiederum eine richtige Schatzkarte mit eigenartigen Sätzen …

Die Blume c-k sollst du pflücken!
Sei schlau und es möge dir glücken.
Suche sie hinter den Katzen
und grünen Pflanzen-Fratzen
auf der eisigen Insel Spitzbergen.
Dort kannst diesen Schatz du bergen.
Oder du musst sterben …

Unter dem eiskalten Eis
im Süden der Insel ist's heiß,
wo ein Kreuz nicht aufrecht steckt,
sondern den Boden bedeckt.

Wenn's stinkt, folge deiner Nase
und bald ist die Blume in deiner Vase!
Schwarz ist sie – gib Acht!
Sie hat hakige Dornen und große Macht.

Die Geisterkids wissen sofort: Dorthin wollen sie fahren! „Bloß wo soll in Spitzbergen etwas blühen oder es gar heiß sein? Das ist doch eine Insel, auf der es fast immer Winter ist", grübelt Sebastian, der Professor, vor sich hin. „Ach denk doch nicht immer so viel", muntert ihn Leonie auf. „Wir sind stark, wir sind klug – wir werden das Rätsel lösen!"

Während das Geisterschiff Kurs auf Spitzbergen nimmt, Sebastian grübelt und Leonie ihre Schwerter schärft, kannst du ein Rätsel lösen. Wieder einmal hilfst du damit den Geisterkids. Es geht um das Rätsel, wann man **k** oder **ck** schreibt, **z** oder **tz**.

Übung 1

Lösung S. 131

In der Wortwolke findest du Wörter mit **k** oder **ck**, **z** oder **tz** aus der Flaschenpost. Sortiere sie in die Tabelle ein.

pflücke Katzen Fratzen Pflanzen
Spitzbergen Schatz Kreuz bedeckt steckt
schwarz Haken stinkend glücken

Wörter mit **ck**	Wörter mit **tz**

Wörter mit **k**	Wörter mit **z**

Übung 2

Lösung S. 131

Überlege jetzt einmal so scharf wie Sebastian, der Professor: Was haben die Wörter mit **ck** und **tz** gemeinsam?
Tipp: Schau auf den Laut vor dem **ck** bzw. **tz**!
Kreuze an, welche der folgenden Aussagen stimmen:

- ◯ Der Laut vor **ck** und **tz** ist ein Vokal.
- ◯ Der Laut vor **ck** und **tz** ist ein Konsonant.
- ◯ Der Laut wird kurz gesprochen.
- ◯ Der Laut wird lang gesprochen.

Mache nun dasselbe für die Wörter mit **k** und **z**.

- ◯ Der Laut vor **k** oder **z** kann ein Vokal sein.
- ◯ Der Laut vor **k** oder **z** kann ein Konsonant sein.
- ◯ Der Vokal wird kurz gesprochen.
- ◯ Der Vokal wird lang gesprochen.

Übung 3
Lösung S. 131

Jetzt hast du sicher die Lösung entdeckt. Notiere sie im folgenden Regelkasten:

ck und **tz** stehen nur nach einem ....
k und **z** stehen nur nach einem ....
oder nach einem ....

Die Geisterkids erreichen die Südspitze Spitzbergens. „Da friert ja selbst einem Vulkanmonster das Feuer ein“, nörgelt Sebastian. Spitz wendet Alice ein: „Du bist nur sauer, weil du den Flaschenpost-Text nicht verstehst!“ Und sie hat wohl Recht, weil sich Sebastian wortlos umdreht.

In den folgenden Einsetzübungen erfährst du, wie es weitergeht. Bevor du die fehlenden Laute (**k**, **ck**, **z**, **tz**) einsetzt, überlege dir jedes Mal: Wird der Laut davor kurz gesprochen (dann schreibst du **ck** bzw. **tz**) oder nicht (dann **k** bzw. **z**)?

Übung 4
Lösung S. 131

Die fünf Freunde pa.......en sich warm ein und düsen los – verste.......t in ihrer Zauberwol.......e. Plö.......lich durchzu.......t es Alice, als sie über einem Haufen za.......iger Felsen kreist. „Da, Freunde, das Kreu.......!“, ruft sie entzü.......t und win.......t ihnen zu. Wir.......lich, sie erbli.......en Felsen, die die Form eines auf dem Boden liegenden Kreu.......es haben. So stand es auf der Scha.......karte! Die Geisterschar stür.......t hinunter und landet. „Und wo ist es heiß?“, will Marco wissen. Im selben Augenbli....... schießt hinter ihm ein Wasserstrahl empor. Die Hi.......e ist gewaltig. Zugleich stin.......t es entse.......lich.

Übung 5
Lösung S. 131

„Je……t müssen wir nur noch unsere Nasen in diesen Gestan…… ste……en“, wi……elt Alice, „damit wir diese schwar……e Blume entde……en.“ Im gleichen Moment hören sie Marco kreischen. Erschro……en schauen sie zu ihm und mer……en nur noch, dass er in ein Bodenloch hineinsa……t. „Po…… Teufel, was ist das?“, schreit John und rast zu dem Loch, in das Marco gestür……t ist. Da ertönt dessen Stimme: „Hey, kommt runter! Das ist der Eingang zu einer Höhle. Hier ran……en sich sogar Schlingpflan……en empor.“ Das lassen sich die Geisterkids nicht zweimal sagen!

Glück im Unglück! Allmählich erfüllen sich immer mehr Andeutungen aus der Schatzkarte. Während die Geisterkids in die Höhle schweben, übst du noch ein bisschen.

Wir verraten dir etwas: Damit du nachher den Geisterkids helfen kannst, solltest du etwas reimen. Zaubersprüche sind ja, wie du weißt, meist gereimt.

Übung 6
Lösung S. 132

Vervollständige die folgenden Reimreihen.

blinken	schlank	Schmerzen
s……	B……	H……
schm……	kr……	K……
tr……	Gest……	versch……
w……	T……	

Übung 7
Lösung S. 132

Vervollständige auch diese Reimreihen.

frohlocken	glücken	schwitzen
P……	b……	fl……
tr……	dr……	sp……
aufst……	schm……	spr……

Die Geisterkids landen sanft. Neugierig folgen sie dem Gang, in dem es immer wärmer wird. Plötzlich erschrecken sie beinahe zu Tode: Die in der Schatzkarte angekündigten grünen Fratzen tauchen plötzlich aus dem Dunkeln auf und kreischen: „Ihr werdet sterben, und wir werden eure Kraft erben!“ – „Wir sind die Monster **z**, wir erwürgen euch sogar im Bett!“ – „Hier kommt **t-z**, der Ungeist, mörderisch und feist!“ – „Nur wenn ihr unsere Sprache sprecht, geschieht euch kein tödliches Unrecht!“

Da weiß Alice die Lösung: „Reimen! Wir müssen reimen! Nur so können wir sie vertreiben!“

Übung 8
Lösung S. 132

Vervollständige die Sätze. So hilfst du den Geisterkids, mit den furchtbaren Pflanzen-Fratzen fertig zu werden.

Ihr dummen Pflan…en,
wir werden mit euch Wal…er t…,
bis eure grünen Her…en
vor Schwindel schm… .

Über eure Wur…eln
werdet ihr p…!

Wer wie ihr stin…t
und jämmerlich h…,
landet flin… an einem Ha…en
wie ein altes L… .

Mit euren kur…en Schwän…en
könnt ihr nicht gl… .

Übung 9

Hast du nicht Lust, wie die Geisterkids zu dichten? Wir geben dir ein paar Reimreihen vor, und du versuchst, daraus witzige Mini-Gedichte zu machen. Natürlich musst du nicht alle Wörter verwenden. Du kannst auch Wörter aus den Übungen 6 und 7 nehmen. (Schreibe deine Anti-Monster-Reime in dein Übungsheft und lass sie von jemandem korrigieren!)

Block – Pflock – Stock – Rock
schlucken – spucken – gucken – zucken
Flecken – Zecken – schmecken – lecken
Krücke – Lücke – Mücke
Witz – Sitz – Blitz
hetzen – zerfetzen – setzen – petzen
Pfütze – Mütze – Stütze

Die Geisterkids sind (auch dank deiner Hilfe) fit. Vor so vielen Reimen flüchten selbst die Monsterpflanzen von Spitzbergen! Wie es weitergeht, erfährst du jetzt.

Übung 10

Abschlusstest: Lass dir den folgenden Text diktieren.

Weil die Geisterkids **ganz** gut reimen, **zucken** die **Pflanzen-monster** zusammen und **verwelken**. **Plötzlich** tauchen riesige **Katzen** auf. John und Leonie brüllen sie laut**stark** an, und aus den Tigern werden **reizende** Schmuse**kätzchen**.

Der **Gestank** wird immer **stärker**. Für ihre **schmerzenden** Nasen brauchen sie **jetzt** fast einen **Arzt**. Marco will sich **ab-lenken** und **denkt** an **Quark**speisen und **dicke Speck**brote. Doch vergeblich! Endlich **erblicken** sie die Blume **c-k**. Sie ist **wirklich** voller Dornen und **Haken**.

Nachdenklich und mitleidig **blicken** die Geisterkids auf die **schwarze** Blüte. Da schüttet diese ihr **Herz** aus: „Alle **ekeln** sich vor mir, doch ihr **schenkt** mir euer Mitleid. So verrate ich euch mein Geheimnis: Wer mich erträgt, ist ein guter Mensch. Nehmt mich mit, und ihr werdet immer **merken**, wem ihr trauen könnt.“ Wahrlich, ein gewaltiger **Schatz**!

Jagt den Höllenwolf!

Doppelkonsonanten

Die stinkende schwarze Blüte zu finden, war die erste Aufgabe der Geisterkids. Vor der **Ernennung** zu **voll**jährigen Geistern **müssen** sie jedoch noch eine größere Aufgabe lösen. Der Geister-Meister hatte nämlich verkündet: „Findet den **Höllen**wolf und **verbannt** ihn ins Welt**all**!“ Die Geisterkids **wissen** nicht: **Sollen** sie sich freuen oder mit den Zähnen **klappern**?

Alle fett gedruckten Wörter enthalten **Doppelkonsonanten** (Doppelmitlaut): **ll**, **nn**, **pp**, **ss** usw. Wann stehen diese?

Übung 1
Lösung S. 133

Sieh dir die Tabelle unten an. Umrahme die Wortstämme der Wörter in den oberen zwei Zeilen. Wenn du nicht genau weißt, was ein Wortstamm ist, kannst du in Kapitel 1 üben.

Übung 2
Lösung S. 133

Prüfe bei diesen Wörtern, ob man den Vokal (Selbstlaut) im Wortstamm kurz oder lang ausspricht. Sprich dabei laut und ganz natürlich. Notiere das Ergebnis in der unteren Zeile.

erholen, erholsam	Kälte, kalt	Hölle, höllisch
rufen, Ruf	heften, heftig	hoffen, Hoffnung
.... Vokal	.... Vokal	.... Vokal

Nach einem langen Vokal wird nie ein Konsonant verdoppelt. **Doppelkonsonanten** stehen nur nach einem **kurzen Vokal**:

- Wenn am Wortstammende mehrere Konsonanten stehen (also zwei oder mehrere Mitlaute wie bei **lt** in *Kälte*), zeigen diese bereits: Der Vokal davor ist kurz. Also muss man nichts verdoppeln.
- Wenn der **Wortstamm** nur auf **einen einzigen konsonantischen Laut** endet (wie beim **l**-Laut in *Hölle*), fehlt der Hinweis, dass man den Vokal kurz spricht. Deshalb verdoppelt man den Konsonanten.

Steht am Wortstammende **nach einem kurzen Vokal** nur ein **einzelner konsonantischer Laut**, **verdoppelt** man den Konsonanten.

Male das Regelfeld sowie die rechte Spalte der Tabelle farbig aus.

Übung 3
Lösung S. 133

Überprüfe, ob die Regel stimmt. Umrahme im folgenden Text die Wortstämme der fett gedruckten Wörter und ordne die Wörter dann in die Tabelle darunter ein.

Der Höllenwolf ist ein **schlimmes** Monster. Er **bewirkt**, dass sich **Menschen** mit **aller Kraft** hassen. Leider kann er sich **vermummen**, damit ihn niemand **erkennt**. Nur ein **Merkmal** bleibt immer **erhalten**: eine Narbe am **Kinn**.

Konsonantenverdoppelung nach kurzem Vokal	**keine Konsonantenverdoppelung nach kurzem Vokal**

Beim Üben konzentrieren wir uns auf die Doppelkonsonanten.

Übung 4
Lösung S. 133

Die Konsonantenverdoppelung bleibt auch bei den anderen Wortfamilienmitgliedern erhalten, die einen kurzen Vokal im Stamm enthalten. Beispiele: **still** → die **Stille**, **voll** → **völl**ig. Notiere zu jedem Wort den „Verwandten“.

dumm → die ....heit
hoffen → die ....nung
irren → der ....tum
Hölle → ....isch
stumm → ver..................en
brüllen → das Ge..................

Auf ihrer Abenteuerfahrt werden die Geisterkids noch vielen anderen bösen Geistern begegnen. Einige stellen wir dir hier vor.

Übung 5
Lösung S. 133

Hebe in den folgenden Texten die Wörter mit Doppelkonsonanten mit Leuchtstift hervor.

Die Schlossgespenster

Sie hausen in Schlössern und Burgen und sind noch die harmlosesten Gesellen. Gerne klappern sie mit Ketten, lassen Balken knarren oder Fenster klirren. Sie scheppern mit alten Rüstungen von Rittern und stoßen schrille Schreie aus. Wenn sie durch die Zimmer flattern, werden die Bewohner starr vor Schreck – mehr jedoch meist nicht. Nur selten ist ein wirklicher Killer unter diesen Gespenstern.

Die Wettergeister

Erbarmungslos lassen sie die grelle Sonne auf das Land herabbrennen oder jagen Unwetter über Gebirge. Ihre Stürme zerstören die Hütten armer Menschen genauso wie den Besitz der Reichen.

Die Moor- und Nebelgeister

Moor- und Nebelgeister führen Reisende in die Irre. Seit es kaum mehr Sümpfe gibt, in die diese Gespenster ihre Opfer zerren können, verwirren sie Autofahrer im Nebel oder bei heftigen Regengüssen. Das sind dann die so genannten Geisterfahrer auf den Autobahnen!

Die Hassgeister

Sie sind die schlimmsten Schurken. Denn sie können Menschen dazu bringen, dass sie spinnen und überschnappen, sich plötzlich anbrüllen und mit Hass verfolgen. Andere Menschen verfallen der Raffgier oder werden zu Killern. Der Höllenwolf ist eines dieser hässlichen Monster.

Übung 6
Lösung S. 134

Umrahme bei jedem der von dir markierten Wörter den Wortstamm. So machst du dir nochmals die Regel klar.

Übung 7
Keine Lösung

Lass dir die Texte diktieren – aber höchstens einen pro Tag!

Doppelkonsonanten kennst du jetzt. Aber gibt es auch den Fall, dass drei gleiche Konsonanten hintereinander stehen?

Übung 8
Lösung S. 135

Hebe im folgenden Text die Wörter mit einem Leuchtstift hervor, die drei gleiche Konsonanten hintereinander enthalten.

Die fünf Geisterkids lassen sich nicht abschrecken. So kommt keine Missstimmung auf. Gleich beginnen sie ihre große Reise quer durch die Welt, um den Höllenwolf zu jagen. Teils ist es eine Schifffahrt, teils reisen sie per Geisterjet. „Bei der großen Stammmutter aller guter Geister, wir wollen ihn kriegen!" Das schwören sie sich. Immerhin würden sie ihn an seiner Kinnnarbe erkennen können. Leider stellen sie sich das Ganze leichter vor, als es werden sollte.

Übung 9
Lösung S. 135

Warum treffen bei den markierten Wörtern drei gleiche Konsonanten aufeinander?

Übung 10
Lösung S. 135

Bilde selbst Wörter dieser Art.

Fett + Topf	=	Fetttopf
Sauerstoff + Flasche	=	
Ballett + Tänzerin	=	
Bett + Tuch	=	
Fett + Tropfen	=	
fett + triefend	=	
Woll(e) + Lappen	=	

Von Arabien zum Oktoberfest

Dehnung

5a Liebe und Hiebe

Das lange **i**

Erstes Ziel der Geisterkids auf der Jagd nach dem Höllenwolf: eine arabische Hafenstadt. Der GGG, der Gute-Geister-Geheimdienst, hat sie informiert: Der Höllenwolf treibt sich hier immer wieder mit Kriegsgeistern herum. Auch liebt er es, harmlose Menschen zu Dieben zu machen. Dies lässt auf den riesigen Märkten der Stadt schnell Hass entstehen.
Alice hat schließlich eine Idee, wie sie den Höllenwolf aufspüren können: „Verteilen wir uns in den vielen Gassen." Jeder fliegt also in eine andere Richtung.

Die folgenden Hinweise werden dir sehr helfen.

> Wörter mit einem langen **i**-Laut im Wortstamm schreibt man fast immer mit **ie**.
> Auch die Endungen -**ieren**, -**ier** und -**ie** enthalten ein **ie**.

Male das Regelfeld farbig aus.

Übung 1
Lösung S. 136

Markiere mit Leuchtstift in dem Text oben die Wörter mit **ie**.

Wörter mit den Endungen -**ieren**, -**ier** und -**ie** stammen aus anderen Sprachen. Du merkst oft nicht, dass es Fremdwörter sind.

Übung 2
Lösung S. 136

Bilde die Wörter und notiere sie in dein Übungsheft.

dikt
kap
rad
gratul
→ ieren

Klav
Pap
→ ier

Melod
Industr
→ ie

Übung 3
Lösung S. 136

Setze die folgenden Wörter an der richtigen Stelle im Text ein:

Melodie, Klavier, serviert, jonglieren, Harmonie, spazieren, passiert

Leonie fliegt zu einem Platz. Menschen gehen ....

Sie hört, wie jemand eine liebliche .... singt.

Im Café .... ein Kellner Tee.

Artisten .... mit Bällen.

Überall herrscht ....

Da .... etwas:
Der Ball eines Artisten trifft einen Gast.
Sofort entsteht Streit. Leonie ahnt: Der Höllenwolf ist da.

Kommen wir zu den **Ausnahmen**, die du dir merken musst. Was haben die fett gedruckten Wörter im folgenden Text gemeinsam?

John fliegt zu einem **Vieh**markt. Magisch **ziehen** ihn die **wiehernden** Pferde an. Da **geschieht** etwas: Eine innere Stimme **befiehlt** ihm, einen Pferdeknecht abzulenken. Dann **stiehlt** er einen Araberhengst und **flieht**. Weil ihn als Geist niemand **sieht**, denkt der Besitzer, der Knecht habe versagt, und beschimpft ihn voller Wut.

Du hast es sicher erkannt: Die fett gedruckten Wörter schreibt man mit **ieh**. Es gibt zum Glück nicht viele davon.

Übung 4
Lösung S. 136

Bilde die Formen zu den Wörtern. Male das **ieh** mit Farbe nach.

Vieh: der ....dieb
stehlen: er ....
wiehern: das Pferd ....
sehen: du ....
fliehen: er ....
geschehen: es ....
ziehen: er .... weg
befehlen: du ....
verzeihen: er .... (1. Vergangenheit)

Die Ereignisse sind ja alle ganz schön rätselhaft. Bevor du allerdings erfährst, wie es weitergeht, musst du erst ein Silbenrätsel lösen. Es geht um eine weitere Gruppe von **Ausnahmen**: Wörter, die einen langen **i**-Laut im Wortstamm haben und mit einfachem **i** geschrieben werden. Auch hier handelt es sich um Fremdwörter.

Übung 5

Lösung S. 136

Finde die Wörter und trage sie rechts ein. Das Lösungswort nennt die besten Freunde des Höllenwolfs.

dee – Bi – Kli – Ti – Li – Au – l – lid – bel – ma – ger – ter – gen – gel

Wetterbedingungen →

Raubkatze →

Einfall →

Schutz des Auges →

stacheliges Tier →

heiliges Buch →

Flüssigkeitsmaß →

Übung 6

Lösung S. 136

Sortiere diese Wörter nach ihrer Endung in die Tabelle ein: Maschine, Benzin, Vitamin, Ventil, Gardine, Kamin, Krokodil, Rosine, Medizin, Termin

-ine	
-in	
-il	

Jetzt musst du dir nur noch eine letzte Gruppe von **Ausnahmen** merken: die „wider-Wörter". Hier passiert leicht der Fehler, ein **ie** zu schreiben, weil man an *wieder* im Sinne von *erneut, noch einmal* denkt. Die „wider-Wörter" ohne **ie** haben aber immer etwas mit „Gegensatz" zu tun.

Übung 7
Lösung S. 136

Bilde die „wider-Wörter", indem du die Fragezeichen ersetzt.

?lich ?setzen ?stand er?n

Übung 8

Bilde mit den Ausnahmewörtern der Übungen 5 bis 7 kleine Sätze und lass sie dir am nächsten Tag diktieren.

Jetzt bist du sicher gespannt, wie es weitergeht. Du erfährst es in der folgenden Übung.

Übung 9
Lösung S. 136

Setze die richtige Schreibweise des langen **i**-Lautes ein (**ie**, **ieh**, **i**).

John reitet zu einem Palast. H…… r begegnet er einer n…… dlichen Prinzessin. In ihrem verschleierten Gesicht l…… gen nur die t…… fblauen Augen frei. Verschämt senkt s…… ihre Augenl…… der. Sie st…… lt John den Verstand. „Du Herzensd…… bin!", flüstert er immer w…… der verl…… bt. Ein D…… ner serv…… rt Tee, ein anderer sp…… lt Johns L…… blingsmelod…… auf dem Klav…… r. Da hebt ein Windhauch den Schleier der Prinzessin. Und was s…… t John? Eine Narbe an ihrem Kinn! „Du w…… derlicher Höllenwolf!", brüllt er mit r…… siger Wut. Er will das Monster packen, doch es verwandelt sich in eine übel r…… chende Z…… ge und entfl…… t auf einem fl…… genden Teppich. Armer John!

5b Ein gefährliches Volksfest

Das Dehnungs-**h**

Die Geisterkids sind **froh**: Die **Annäherung**sversuche des Höllenwolfs sind misslungen. Zum **Feiern** aber ist keinem zumute. John ist **sauer**: Er **bereut**, der falschen Prinzessin **vertraut** zu haben. „Irgendwann", **droht** er, „rasiere ich dieser Bestie mit dem Rasen**mäher** das Fell." Seine **treuen** Freunde können ihn kaum **beruhigen**.

Die Sache mit dem Dehnungs-**h** ist nicht so schwierig, denn es kann nur unter bestimmten Bedingungen stehen. Wir erarbeiten sie jetzt.

Übung 10
Lösung S. 137

Umrahme den Wortstamm der oberen Wörter in der Tabelle.

nah, näher, sich nähern drohen, du drohst, Drohung	trauen, vertrauen, vertraut treu, Treue
Am Wortstammende steht ein	Am Wortstammende steht ein ....
→ Dehnungs-h	→ kein Dehnungs-h

Übung 11
Lösung S. 137

Schau dir die beiden Wortgruppen in der Tabelle genau an und ergänze an der richtigen Stelle:

- Am Wortstammende steht ein **einfacher langer Vokal**.
- Am Wortstammende steht ein **Diphthong** (Zwielaut: **ei**, **ai**, **au**, **äu**, **eu**).

Male noch die linke Hälfte der Tabelle aus. Damit kennst du einen von zwei Fällen, in denen ein Dehnungs-**h** stehen kann.

Noch zwei Hinweise:

- Oft heißt es: In Wörtern wie *nahe, Mühe* usw. hört man ja das **h**. Mann kann es auch wirklich aussprechen. Aber das tut man im Alltagsdeutsch nicht. Man sagt *na-en*, nicht *na-hen*. Deshalb musst du dir die Regel von oben merken.
- Zu jeder Regel gibt's leider auch Ausnahmen; damit beschäftigen wir uns aber lieber erst später (ab S. 42).

Hilfreich für Dehnungs-**h**-Wörter ist auch die Wortfamilienregel:

Einmal **h** – immer **h**!

Male das Regelfeld farbig aus.

Übung 12
Lösung S. 137

Suche verwandte Wörter zu den folgenden Begriffen und umrahme überall die Wortstämme:

froh: ...lich → fröhlich ....
nah: ...er, An...erung → ....
drohen: ...ung, be...lich → ....
Ruhe: ...ig, ...en → ....
Mühe: ...sam, be...en → ....
drehen: ...ung, durchge...t → ....

Übung 13
Lösung S. 137

Bilde die Formen zu den Verben und umrahme wieder den Wortstamm.

ich flehe → du flehst ...., er flehte ....
ich drehe → du ...., er ....
ich fliehe → du ...., er ....
ich sehe → du ...., er ....

Übung 14
Lösung S. 137

Setze die folgenden Wörter richtig in die Reimsätze ein:
Stroh, fliehen, Frühe, Krähe

Nur im .... bin ich **froh**.
Wenn böse Geister zu uns **ziehen**,
müssen wir ....
Nicht nur in aller ....
gebe ich mir **Mühe**.
In der **Nähe** krächzt eine ....

Jetzt bist du sicher fit für einen Zwischentest.

Übung 15
Lösung S. 137

Ein Lückendiktat: Lass dir die fehlenden Wörter diktieren. Die Diktiervorlage findest du im Lösungsteil. Wenn du ein Wort nicht weißt, schlage im Wörterbuch nach und frage nicht einfach die Person, die dir die Wörter diktiert.

Die Geisterkids .... nicht lange. „Was auch immer ...., wir bewahren die .... und .... uns weiter“, ... Marco, der ja immer alles ganz .... angeht. „Doch welches Ziel sollen wir jetzt ....?“, überlegt Sebastian. Alice schlägt vor: „Legen wir uns doch irgendwo auf die ....! Am besten .... wir dorthin, wo der Höllenwolf schon .... oft war.“ .... studieren sie alte Unterlagen, die sie mitbekommen haben. „Ich hab’s!“, ... sich Leonie. „Morgen beginnt in München das Oktoberfest, ein großes Volksfest. Dort hat der Höllenwolf noch immer ....“ Weil München bekanntlich nicht am Meer liegt, fliegen sie mit einem Geisterjet vom nächsten Flughafen los. (Die Menschen .... gar nicht, wer ihre Flughäfen so alles benutzt!) Ihr Geisterschiff lassen sie unbewacht in der arabischen Hafenstadt liegen. Das sollten sie noch bitter ....

Mit demselben detektivischen Gespür wie unsere Geisterkids wirst du dir jetzt die zweite Regel zum Dehnungs-**h** erarbeiten. Doch erst erfährst du, wie es in der Geschichte weitergeht.

Das **Oktober**fest ist ein **berühmtes** Volksfest. Es ist in der **Tat** ein **lohnen**swertes Ziel für den Höllenwolf, diesen **schäbigen Plage**geist. Denn in dem Lärm der Musikkapellen und der **Fahr**geschäfte können viele keinen **kühlen** Kopf **bewahren**. Lärm und Bier **ergeben** eine **gefährliche** Mischung. Der Höllenwolf hat **zahl**reiche **Möglichkeiten**, die Menschen aufeinander zu hetzen.
Nach ihrer Ankunft **nehmen** die Geisterkids die ersten **bösen** Werke des Höllenwolfs **wahr**. Vor dem Bierzelt **prügeln** sich zwei Betrunkene. Ein Stückchen weiter **betrügt** der Besitzer einer **Bude** seine Kunden. Und vor einem Karussell schenkt ein Mann einer Frau eine **Rose** – **bloß** ist es nicht seine Ehefrau …

Die fett gedruckten Wörter haben eines gemeinsam: Sie enthalten im Wortstamm einen langen Vokal (Selbstlaut). Einige Wörter schreibt man mit **h**, andere aber nicht. Wann muss man das **h** schreiben, wann nicht?

Übung 16
Lösung S. 137

Bei den folgenden Wörtern ist der Wortstamm schon umrahmt. Achte auf den Konsonanten (Mitlaut) nach dem langen Vokal im Wortstamm und überlege: Vor welchen Konsonanten kann überhaupt nur ein Dehnungs-**h** stehen?

Dehnungs-h	**kein Dehnungs-h**
[Höhl]e	[Grub]e, [bad]en, [ruf]en,
be[rühm]t	[leg]en, [Hak]en, [Rüp]el,
[Sahn]e	[Bos]heit, [Put]e, [brav],
[Lehr]er	[ew]ig

Übung 17
Lösung S. 138

Ergänze nun die Regel und male dann das Feld farbig aus.

Ein Dehnungs-**h** steht, wenn überhaupt, **nur** in Wörtern, deren **Stamm** auf ...., ..., ... oder .... endet.

Übung 18
Lösung S. 138

Umrahme den Stamm der Wörter mit Dehnungs-**h**, die in dem Text oben fett gedruckt sind. Mach dir dabei die eben erarbeitete Regel klar.

Übung 19

Lösung S. 138

Die folgende Wortliste enthält gebräuchliche Wörter mit Dehnungs-**h**, deren Stamm auf **l**, **m**, **n** oder **r** endet. Sortiere die Wörter in die Tabelle ein. Verteile die Arbeit auf zwei Tage, wenn es dir zu viel wird.

Wahrheit, anlehnen, Fahne, Bohrer, Gefahr, Versöhnung, bezahlen, Ruhm, verkehrt, Gefühle, Sohn, während, kahl, Mühle, belehren, ähnlich, wohl, lähmen, strahlen, führen, Ehre, nehmen, Kohle, Bohnen, erfahren, mehr, Bahn, ohne, abwehren, Wahl

-hl	
-hm	
-hn	
-hr	

Um dir die Schreibung dieser Wörter zu merken, solltest du noch etwas üben.

Übung 20

Bilde Sätze, in denen du möglichst viele Wörter der Liste aus Übung 19 unterbringst. Du kannst auch verwandte Wörter verwenden (z. B.: Gefühl → fühlen, gefühllos). Die Sätze können ja durchaus ein bisschen verrückt sein.
Beispiel: Der kahle Sohn bezahlte mit Bohnen.

Natürlich gibt es zu dieser Regel auch Ausnahmen; dir ist vielleicht schon eine eingefallen, aber damit beschäftigen wir uns erst später (ab S. 42).

Jetzt bist du sicher gespannt, wie die Jagd auf den Höllenwolf weitergeht.

Übung 21

Lösung S. 138

Setze in dem Lückentext dort, wo es nötig ist, ein **h** ein.

Diesmal versuchen die Geisterkids die Gefa……r, vom Höllenwolf hereingelegt zu werden, mö……glichst klein zu halten. Sie fliegen deshalb in zwei Gruppen und nicht alleine los. Außerdem ne……men sie Funkgerä……te mit.
Da sieht Alice etwas: Me……rere Männer, die gera……de zuvor noch beste Freunde waren, schla……gen aufeinander ein. „Das sieht dem Höllenwolf ä……nlich“, denkt sie. Und in der Tat entdecken sie den ü……blen Kerl: Er schwe……bt neben einer Fa……nenstange und verfü……rt mit seiner Gedankenkraft die beiden Männer, die sich prü……geln, zu unversö……nlichem Hass. Nach kurzer Überle……gung wissen die Geisterkids, wie sie vorgehen werden.

Übung 22

Lass dir den folgenden Text diktieren.

Kein Oktoberfestbesucher nimmt wahr, was jetzt passiert. Denn Geister sind unsichtbar, außer sie verwenden einen besonderen Zauber.
Während John und Leonie mutig von hinten zum Höllenwolf hinschweben, setzen die anderen Geisterkids ihre Gedankenkraft ein. Sie versöhnen die Männer, die sich prügeln. Dann schicken sie lähmende Strahlen auf ihren Gegner. Die bereiten ihm bohrende Schmerzen. Wütend jault er auf. Damit ruft er andere böse Geister zu Hilfe. So kann er sich wehren. Der Kampf tobt hin und her. Endlich zerreißt der Höllenwolf den Strahlenring und schreit: „Bei meiner Ehre, ihr erfahrt noch, wie gefährlich ich bin!“

Der Höllenwolf entkommt erneut. Noch schlimmer – die Geisterkids werden von anderen Quälgeistern angegriffen.

Übung 23
Lösung S. 138

Manche der folgenden Lücken-Wörter muss man mit Dehnungs-**h** schreiben, manche nicht. Wenn du die Schreibung nicht kennst, schlage im Wörterbuch nach.

Meine spitzen **Tö……ne** sollen dich wa……nsinnig **quä……en**.

Ich werde dich wie die **Scha……le** einer Nuss zerknacken.

Vorsicht! Da **drü……en schwe……bt** ein **Schu……lmonster.**

Das ist ja eine **schö……ne Besche……rung**.

Ich mach dich nieder, du **schä……biges** Biest!

Jetzt geht's euch **schwe……r** an den **Kra……gen**, hihihihi!

Übung 24
Lösung S. 138

Mit welchem Buchstaben beginnen die Wortstämme (nicht die Wörter!) bei den fett gedruckten Wörtern aus Übung 23? Mit der Antwort kannst du die folgende Hilfsregel vervollständigen.

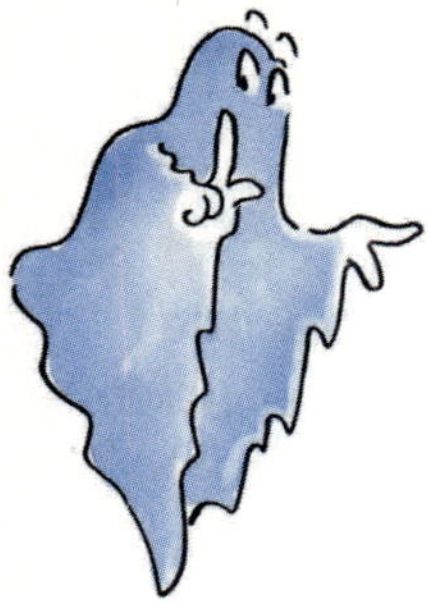

Wörter, deren **Wortstamm** mit ...., ... oder .... **beginnt**, enthalten **kein** Dehnungs-**h**, egal auf welchen Laut der Wortstamm endet.

Ein Wort wie *beschämt* beginnt zwar mit **b**, der Wortstamm aber beginnt mit **sch**. Deshalb steht kein Dehnungs-**h**. (Ein Ausnahmewort wie *Schuhe* merkst du dir leicht nebenbei.)

Übung 25
Lösung S. 139

Entscheidend ist der Anfang des Wortstammes, nicht der des Wortes. Mach dir das klar, indem du folgende Wörter bildest:

quer	→ über..............................en		Schaden	→ be..............................igen	
Qual	→ ge..............................t		Scham	→ be..............................en	
schwer	→ er..............................en		Trost	→ ver..............................en	
Schale	→ ab..............................en		Ton	→ ver..............................en	

Übung 26
Lösung S. 139

Sortiere die Wörter jeder Gruppe jeweils alphabetisch.

a) quieken, quietschvergnügt, quälen, bequem

....

b) schäbig, Bescherung, schädlich, Schal

....

c) schwerelos, schreien, schweben, schamhaft

....

d) Tod, Tat, Tor, Ton, Tür, Trost, Tal

....

Mit letzter Mühe schaffen die Geisterkids es, den Angriff der bösen Gespenster abzuwehren. Schwer angeschlagen und erschöpft setzen sie sich in den nächsten Geisterjet und fliegen nach Arabien zu ihrem Schiff zurück.
Die Besucher des Oktoberfests haben übrigens von dem Kampf gar nichts mitbekommen. Sie hörten nur ein Tosen wie bei einem nahenden Gewittersturm und verzogen sich deshalb in die Bierzelte. Wenn sie wüssten, wer sich eigentlich so alles auf einem Volksfest herumtreibt …

5c Seelische Leere

Doppelvokale

Erschöpft sitzen die Geisterkids im Geisterjet. „Um ein **Haar** hätten wir den Höllenwolf gehabt! Bloß weil er ein **paar** seiner Höllenfreunde herbeigeholt hat, konnte er entkommen." John ist stinksauer. Auch die anderen liegen **seelisch** am Boden. Nur Marco bleibt wieder einmal ruhig: „Das ist nun leider **Schnee** von gestern. Wir müssen zurück auf unser Schiff und die Spur wieder aufnehmen."

Während unsere Freunde zurückfliegen, haben wir Zeit, uns mit den besonderen Fällen der Dehnung zu beschäftigen.

Bei den fett gedruckten Wörtern wird die Dehnung durch einen Doppelvokal (Doppelselbstlaut) gekennzeichnet. Die entsprechenden Wörter musst du dir einzeln merken. (Ab S. 113 gibt's übrigens Tipps, wie das leichter geht!)

Übung 27
Lösung S. 139

Notiere den gesuchten Begriff mit **aa** rechts.

Es wächst auf dem Kopf:	....
Zwei Schuhe nennt man:	ein ....
Dasselbe Wort bedeutet klein-geschrieben so viel wie „einige":	....
Ein anderes Wort für Land:	....
Zum Abwiegen benutzt man:	eine ....
Überbegriff für das, was man sät:	....

Übung 28
Lösung S. 139

Sammle die **ee**-Wörter, indem du **ee** einsetzt.

B.....re	B.....t	F.....	H.....r
L.....r	M.....r	Schn.....	S.....
S.....le	Sp.....r	T.....	T.....r
Arm.....	Kaff.....	Id.....	Kl.....

Übung 29
Lösung S. 139

Suche die wichtigsten **oo**-Wörter.

B??t ....

d??f ....

M??r ....

M??s ....

Z?? ....

Übung 30
Lösung S. 139

Notiere die Wortfamilienmitglieder.

Boot: ...sverleih → Bootsverleih

Haar: ...en → ....

Waage: ...recht → ....

Heer: ver...end → ....

Seele: ...isch → ....

Übung 31

Bilde mit den gefundenen Wörtern der Übungen 27 bis 29 selbst kleine Sätze und lass sie dir am nächsten Tag diktieren.

Übung 32

Lass dir die Fortsetzung der Geschichte diktieren.

Auf dem Rückweg fliegen die Geisterkids über Seen, über die vom Schnee bedeckten Berge und das weite Meer. Doch sie sehen die Schönheit der Natur nicht.
Auf ihrem Schiff angekommen erfasst sie der Schrecken: Die Einrichtung sieht verheerend aus. Sogar das Rettungsboot ist zerstört. „Das waren wieder die doofen Freunde des Höllenwolfs", schimpft Alice. Als Sebastian den Computer einschaltet, den inzwischen auch Geister benutzen, stellt er betroffen fest: „Die Festplatte ist leer!" Marco macht den anderen Mut: „Die Saat des Bösen soll und wird niemals aufgehen!" Und Alice hat auch schon eine Idee.

5d Quälgeist mit Geweih

Sonder- und Ausnahmefälle; Abschlusstest

Alice holt eine Kristallkugel aus einem Geheimfach, das die bösen Geister zum Glück nicht entdeckt hatten. In der Kristallkugel bewahren die Geisterkids die schwarze Blume auf, die ja eine wunderbare Kraft besitzt: Wer den Gestank der schwarzen Blüte aushalten kann, der ist ein vertrauenswürdiger Mensch. „Hilf uns, schwarze Blume!", bittet Alice. Da sagt die Blume:

„Geht in die Stadt mit meinem **Samen**
und nennt dabei stets meinen **Namen**.
Grün werden dann alle **nämlich**,
die da waren so **dämlich**,
auf den Höllenwolf zu **hören**.
So könnt ihr seine Pläne **stören**."

Ein guter Plan! Während sich die Geisterkids auf den Weg in die Stadt machen, erarbeitest du zwei Ausnahmefälle.

Übung 33
Lösung S. 139

Umrahme den Wortstamm bei den fett gedruckten Reimwörtern in dem Gedicht. Achte dann auf den Konsonanten am Ende des Stammes. Von welcher Dehnungsregel weicht die Schreibweise ab? Ergänze die folgende Zwischenüberschrift.

Ausnahmegruppe 1: Wörter ohne Dehnungs-h, deren Wortstamm auf ……, ……, …… oder …… endet

Die Zahl der Ausnahmewörter, die häufiger gebraucht werden, ist überschaubar.

Übung 34
Lösung S. 139

Schlage im Wörterbuch bei den folgenden Wörtern nach und notiere jeweils zwei verwandte Wörter:

Plan hören grün

Übung 35
Lösung S. 139

Bilde die folgenden Wörter.

ulen – sp – aren ………… …………

ülen – sp – üren ………… …………

Übung 36
Lösung S. 139

Sicher kannst du so gut reimen wie die schwarze Blume. Notiere die Reimwörter und bilde danach kleine Reimsätze. Beispiel: **Nur** die **Schnur** führt dich auf die **Spur**.

nur – Schn………… – Sp………… – st…………

Natur – Fl………… – K…………

sparen – die W………… – sie w…………

Übung 37
Lösung S. 139

Finde die Wortfamilienmitglieder.

klar – er…………en

malen – das Ge…………de

stören – die …………ung

bequem – die …………lichkeit

Übung 38

Lass dir die Fortsetzung der Geschichte diktieren.

Alice **erklärt** ihren **Plan**: „Wir **spüren** die Menschen auf, die vom Bösen besessen sind. In deren Nähe treiben sich **nämlich** die bösen Geister herum. Die fangen und **verhören** wir.“ Gesagt, **getan**! Sie fliegen mit der schwarzen Blume in die Stadt und landen auf einem **malerischen** Markt mit verschiedenen **Waren**. Dort öffnen sie die Kristallkugel. Der Geruch der **Samen verströmt**. Was für ein Erfolg! Etliche Leute laufen durch den Geruch der **Blume grün** an. Die Geisterkids entdecken auch sofort mehrere böse Geister. Ein Zauberspruch hilft sie zu lähmen:
„Die böse **Natur** bleibt nicht **stur**.
Sie muss auf uns **hören** und darf nicht mehr **stören**.“
Nun machen sie sich ans **Verhör** dieser **Stören**friede.

So, jetzt hast du es bald geschafft. Denn in diesem Kapitel zur Dehnung bleibt nur noch ein Ausnahmefall zu behandeln.

Übung 39
Lösung S. 140

Schau im Wörterbuch nach, ob man die Lücken-Wörter mit oder ohne **h** schreibt. Ergänze nötigenfalls das **h**.

Sie rei……en die bösen Geister in einer lange Rei……e auf.

Einer sieht aus wie ein Rei……er mit einem riesigen Gewei…… .

Er redet sehr geschwollen: „Ich werde euch mein Ohr nicht

lei……en. Denn ich habe mein Leben dem Bösen gewei……t."

Um dir das Besondere an der Schreibweise dieser Wörter klar zu machen, solltest du eine früher gefundene Regel wiederholen. Lies auf S. 32 nach, was dort über Wörter steht, die einen Diphthong (**ai**, **ei**, **eu**, **äu**, **au**) im Wortstamm haben.

Übung 40
Lösung S. 140

Ergänze die Regel.

Wörter mit einem Diphthong (**ai**, **ei**, **eu**, **äu**, **au**) im Wortstamm schreibt man …………………… Dehnungs-**h**.

Wörter wie *verzeihen*, *weihen* usw. sind die Ausnahme von dieser Regel. Diese Ausnahme gibt es allerdings nur bei **ei**.

Ausnahmegruppe 2: eih-Wörter

Übung 41
Lösung S. 140

Sammeln wir die Ausnahmewörter. Links stehen Wortstämme. Bilde die Wörter mit Hilfe der Hinweise daneben.

leih – …en / ver…en	weih – …en / …nachten
reih – …en / die …e	weih – das Ge…
reih – der …er	zeih – ver…en, Ver…ung

Übung 42

Lass dir zur Übung den kleinen Text über den hochnäsigen bösen Geist in Übung 39 diktieren.

Mache nun erst einige Tage Pause, bevor du dich dem Abschlusstest stellst.

Übung 43 Lass dir den folgenden Text – verteilt auf zwei Tage! – diktieren.

Wie verhört man einen Quälgeist?

Es ist sinnlos, ihn zu teeren und zu federn oder ihm mit glühenden Kohlen schaden zu wollen. Solche Wesen sind nämlich körperlos. Wenn man Quälgeister mit einem Speer durchbohren würde, träfe man ins Leere.
Um aus einem bösen Geist die Wahrheit herauszuholen, muss man ihn mit Zaubersprüchen fesseln und ihm dann geweihte Dinge vor die Nase halten oder heilige Sprüche in die Ohren flüstern.

So verfahren auch die Geisterkids mit dem Monster, das einem Reiher mit Geweih ähnelt. „Siehst du diese Bibel?", fragt Sebastian. Der böse Geist erschrickt. Dann beginnt Sebastian unaufhörlich aus der Bibel vorzulesen. Das Monster schreit laut auf und wiehert wie hungriges Vieh. „Spare dir dein Gejammere! Verrate uns die Pläne des Höllenwolfs!", befiehlt Leonie. Nach zehn Minuten gibt das Monster auf und erzählt: „Im Urwald von Südamerika wird er eine Seuche entstehen lassen. Wenn die Menschen anderswo davon verfahren, werden sie sich vor lauter Angst misstrauen. Das ist die Grundlage für Hass und Streit."

Was für eine Horrorvorstellung! Die Angst vor Seuchen bewirkt tatsächlich seit Urzeiten, dass Menschen einander mit Misstrauen begegnen und manchmal sogar aufeinander losgehen. Werden die Geisterkids das verhindern können?

Gefährliche Seuchen

e oder **ä**? **eu** oder **äu**?

Die Geisterkids **räumen** ihr Schiff auf und brechen dann nach Südamerika auf. Mit ihrem Turbodüsenantrieb würde das nur einen Tag dauern.

„Der Höllenwolf ist ein **Ungeheuer** mit **gefährlichen Plänen**", seufzt Sebastian **ärgerlich**. „Aber wieso kann er damit außerhalb der **Urwälder** große **Schäden** anrichten?", fragt Alice. Jetzt kann Sebastian mit seinem Wissen **glänzen**: „Denke doch nur an die **Sendungen** im Fernsehen, die jedes Jahr wieder zu sehen sind. Sensationslüstern wird von **scheußlichen Seuchen** berichtet, die in **Urwäldern** auftreten. Meist sind die Krankheiten dort ganz **alltäglich**. Aber das ist **bedeutungslos**. Die **Leute** in den reichen **Ländern** haben große **Ängste**. Wie in früheren Jahrhunderten werden sie nach dem Auftreten von **Seuchen** vor lauter **Ängsten** einander misstrauen. Das ist die Grundlage für Hass, den der Höllenwolf so liebt." Alice nickt: „Jetzt ist mir das Ganze **verständlich**."

„Gefährlich" oder „gefehrlich"? „Ungeheuer" oder „Ungehäuer"? Bei dieser Art von Fragen kannst du dir leicht helfen.

Übung 1
Lösung S. 141

Entscheide, ob du **eu** oder **äu**, **e** oder **ä** schreiben musst. Schaue, wenn nötig, in einem Wörterbuch nach.

der Wald – die W…lder	Ehre – un…hrlich
der Schaden – sch…dlich	neu – n…lich
taub – bet…ben	das Feuer – f…rig

Übung 2
Lösung S. 141

Sicher erkennst du die Zusammenhänge. Ergänze die folgenden Regelsätze und male danach das Feld farbig aus.

Wenn es in der Wortfamilie ein Wort mit **a** bzw. **au** gibt, schreibt man abgeleitete Formen mit .... bzw. .... Schreibt man Wörter mit **e** bzw. **eu**, dann schreibt man auch in abgeleiteten Formen .... bzw. ....

Übung 3
Lösung S. 141

Mit Hilfe dieser Regel kannst du jetzt viele Wörter richtig schreiben. Beginnen wir mit denjenigen **e**- und **eu**-Wörtern, die erfahrungsgemäß oft falsch geschrieben werden. Setze die fehlenden Buchstaben ein.

Beule – einb........len	scheuern – besch........ert
Menge – verm........ngen	streng – anstr........ngen
deuten – d........tlich	eng – ein........ngen
freuen – Fr........de	wehren – Abw........hr
teuer – bet........ern	wehren – Gew........hr
Zeuge – überz........gen	heften – h........ftig
wenden – W........nde	Grenze – begr........nzen

Übung 4
Lösung S. 141

Das war doch wirklich einfach! Jetzt wende die Regel auf **ä**- und **äu**-Wörter an. Bilde die Wörter und notiere sie rechts.

Gefahr		....
Arzt		....
Verstand		....
Schaden	+ lich	....
Jahr		....
Tag		....
Name		....

Übung 5
Lösung S. 141

Bei der Suche nach einem verwandten Wort mit **a** bzw. **au** ist es oft am einfachsten, die Grundform zu bilden, z. B. die Form im Singular (Einzahl) bei Substantiven (Hauptwörtern). Notiere sie neben der Form im Plural (Mehrzahl).

die Wände – die	die Länder – das ....
die Kälber – das	die Bäume – der ....
die Kräfte – die	die Dämme – der ....
die Fälle – der	die Denkmäler – das ....

Übung 6
Lösung S. 141

Bilde die Wörter und setze die fehlenden Buchstaben ein.

sanft → bes.........nftigen

Schranke → beschr.........nken

lachen → l.........cheln

Stand → st.........ndig, best.........ndig

Verstand → verst.........ndigen, verst.........ndlich

blau → einbl.........en, verbl.........en

Übung 7
Lösung S. 141

Manche Ableitungen sind nicht leicht zu erkennen. Betätige dich jetzt einmal als Sprachforscher. Welches Wort aus der linken Gruppe gehört zu welchem Wort aus der rechten? Verbinde sie mit Linien.

ach	Gelände
arg	hartnäckig
Krach	ächzen
Nacken	sämtliche
gesamt	krächzen
Land	ärgerlich

Jetzt hast du viel geübt und bist sicher gespannt, wie es mit den Geisterkids weitergeht.

Übung 8
Lösung S. 142

Setze die fehlenden Buchstaben (**e**, **ä**, **eu** oder **äu**) ein.

Weil die Urw……lder Südamerikas gr……nzenlos groß sind, verst……ndigen die Geisterkids s……mtliche guten Geister, die dort l……ben. Die str……ngen sich m……chtig an, etwas von den sch……bigen Pl……nen des Höllenwolfs herauszubekommen. Aber Nachrichten treffen nur r……cht sp……rlich ein. W……hrenddessen st……ern die Geisterkids ihr Schiff den größten Fluss Südamerikas hinauf, den Amazonas. Die Stimmung im n……chtlichen Urwald ist selbst für Geister be……ngstigend.

……ndlich erhalten sie n……e Nachrichten über die t……flischen Pl……ne des Höllenwolfs. Er hat tats……chlich einen Ort entd……ckt, an dem einige M……nschen an der B……lenpest erkrankt sind. Sofort hat er eine M……nge von Reportern großer Fernsehs……nder benachrichtigt. Die sind ……rgerlicherweise schon auf dem Weg, voller Fr……de auf eine gute „Story“.

„Wie können wir das Unglück nur abw……nden?“, ……chzt John. Er ist ein K……mpfer und die Warterei qu……lt ihn. Da kommt Alice eine Erl……chtung: „Wir müssen seine Pl……ne durchkr……zen, indem wir die Fernsehl……te aufhalten.“ „Wie denn?“, dr……ngt Leonie. „Indem wir die Flugz……ge der Reporter woandershin l……nken!“ Und das tun sie mit ihren Zauberkr……ften auch. Der Höllenwolf h……lt zwar vor Wut, aber diesmal haben die Geisterkids gewonnen.

7

Kampf im Urwalddschungel

Der **s**-Laut

7a Aus Jägern werden Gejagte

Wortfamilienregel

„Aus Jägern werden Gejagte" – eine rätselhafte Überschrift. So rätselhaft, wie dir vielleicht auch die Schreibweise des **s**-Lautes (**s**, **ss**, **ß**) vorkommt. Beide Rätsel werden sich in diesem Kapitel lösen. Versprochen! Doch erst kommt das Vergnügen. Lies einmal den folgenden Text.

Tief unter Urwaldbäumen, die so **groß** wie **Riesen** sind, liegt eine Höhle. Dort versammelt der **erboste** Höllenwolf eine **große** Schar **bösartiger** und **hässlicher** Geister.

Man sieht: Die Kerle **hassen** sich sogar untereinander. Natürlich können sie sich nicht einigen. Der Höllenwolf wirft sie **schließlich** hinaus. Aber die Idee, **listig** vorzugehen, gefällt ihm.

Wenn es um die **s**-Schreibung geht, hilft dir als Erstes die wohl bekannte Wortfamilienregel. Bezogen auf **s**-Laute heißt sie: Ein einfaches **s** bleibt in allen Wörtern einer Wortfamilie immer ein einfaches **s**. Und kein Wort einer Wortfamilie, deren Mitglieder ein **ss** oder **ß** enthalten, wird jemals mit einem einfachen **s** geschrieben.

Übung 1
Lösung S. 143

Ergänze die folgenden Regeln und male das Feld aus:

Einmal einfaches **s** – immer	Einmal **ss** / **ß** – immer ...., niemals ....

Übung 2
Lösung S. 143

Überprüfe die Regel! In dem Text und der Zeichnung zum Treffen der bösen Geister sind Mitglieder aus sechs Wortfamilien fett gedruckt. Trage sie richtig in die Tabelle ein.

Wortfamilie „Riese“	**Wortfamilie „böse“**
Wortfamilie „List“	**Wortfamilie „Hass“**
Wortfamilie „groß“	**Wortfamilie „schließen“**

Die Wortfamilienregel ist eine gute erste Hilfe für dich. Du willst es aber sicher noch genauer wissen. Dann viel Erfolg auf den nächsten Seiten!

7b Die Geisterkids rätseln

Das einfache **s**

Die Unruhe der Geisterkids **wächst**. Aber sie können nur warten. Es gibt keinerlei **Abwechslung**. Und keiner kann ihnen etwas über den Aufenthaltsort des Höllenwolfs sagen. Es bleibt **rätselhaft**.

Übung 3
Lösung S. 143

Betrachte die fett gedruckten Wörter: Welche Art von Laut steht vor dem **s**? Kreuze die richtige Antwort an.

- ◯ ein Konsonant
- ◯ ein kurzer Vokal
- ◯ ein langer Vokal

Übung 4
Lösung S. 143

Ergänze jetzt die Regel und male sie farbig aus.

s-Laut nach einem ....:
immer einfaches **s**!

Übung 5
Lösung S. 143

Alice vertreibt sich die Zeit mit Rätselspielen. Bei einem muss sie die Leerstellen in Wörtern vervollständigen. Hilf ihr dabei! Oben stehen die Buchstaben, die du unten einsetzen musst.

chs ps chs ns ns
ps chs ns bs ts
ks ps chs ks bs

Li..........e	Er..........e	Schna..........
wa..........en	we..........eln	Stö..........el
Fu..........	Rä..........el	rül..........en
wi..........eln	Kre..........	Wa..........
Ke..........	lin..........	l..........el

Das einfache **s** kommt oft auch in den festen Verbindungen **st** und **sp** vor. Dabei gilt:

Das **s** in den festen Verbindungen **st** und **sp** schreibt man immer mit einfachem **s**.

Male das Regelfeld aus.

Übung 6
Lösung S. 143

Auch John spielt mit einer Wortbastelmaschine. Aus einem Anfangsbuchstaben und einem Wortbruchstück bildet er Wörter. Manchmal muss er auch noch etwas ergänzen, damit ein sinnvolles Wort entsteht.

P / F / g + est = Pest, Fest, gestern
R / T / W + est = ...
M / L / Fr / n + ist = ...
L / Fr / Br / Kr + ust = ...
l / m / bel + äst = ...
f / R / K + ast = ...
G / m / dr + eist = ...

Übung 7
Lösung S. 143

Nach einiger Zeit spielt Sebastian mit. Er will natürlich beweisen, was er alles kann. Deshalb sucht er zu den Wörtern, die John gefunden hat, Wortfamilienmitglieder, z. B. zu *Lust → lustig, lustlos, lustvoll.* Zeige, dass du genauso klug bist wie Sebastian, und suche zu folgenden Wörtern verwandte Adjektive (Eigenschaftswörter):

Fest → .... Westen → ....
List → .... Rest → ....

7c Grässliche Pläne

ss nach kurzem Vokal

Der Höllenwolf hat die bösen Geister fortgejagt und überlegt selbst, wie er die Geisterkids erwischen kann. Mit List will er es machen. Seine Idee: Er muss an den Schwächen der Geisterkids ansetzen! Schau, was ihm eingefallen ist:

Marco wird die **hassen**, die ihn als Lügner dastehen **lassen**.
Der Zorn wird Sebastian **auffressen**, sobald jemand an seinem **Wissen** zweifelt.
Alice **müssen** wir nur ganz **unermesslich** stark zu etwas zwingen; die will doch nie gehorchen.
Leonie kann man **fassen**, wenn man ihr sagt, sie sei eine **grässlich** schlechte Kämpferin.
Bei John reicht es, wenn ihm jemand **genussvoll** sagt, er sei ein **bisschen** angeberisch …

Übung 8
Lösung S. 143

Umrahme den Wortstamm bei den fett gedruckten **ss**-Wörtern in den „Denkblasen" des Höllenwolfs!

Übung 9
Lösung S. 144

Betrachte diese Wörter genau und beantworte die Fragen:

Welche Art von Laut steht vor dem **ss**? Kreuze an.

◯ ein Konsonant
◯ ein kurzer Vokal
◯ ein langer Vokal

Worauf endet der Wortstamm? Er endet auf ....

Und schon hast du dir wieder eine Regel erarbeitet. Sie lautet:

Folgt auf einen kurzen Vokal ein **s**-Laut, der am Ende des Wortstammes steht, schreibt man immer **ss**.

Male das Regelfeld farbig aus.

Übung 10
Lösung S. 144

Vor lauter Begeisterung beginnt der Höllenwolf auch noch zu dichten! Ergänze die Reimwörter.

Was für ein Genuss!

Ich verpass ihnen 'ne N.. .

Ich werde sie fressen,

das bleibt unverg.. .

Bald tun sie nur mehr passen

in die kleinsten Minit.. .

Übung 11

Lass dir den folgenden Text diktieren. Denk dabei an die Regeln, die du bis jetzt zur **s**-Schreibung gelernt hast.

Der gewissenlose Höllenwolf lässt sich nicht mehr bremsen. Am Schluss hat er seine hasserfüllten Pläne genau durchdacht. Zunächst würde er die bösen Wettergeister holen. Die sollten das Schiff der Geisterkids durch ein unermessliches Unwetter zerstören. Die Geisterkids würden hilflos im Urwald stehen. Dann könnte sich der Höllenwolf mit List an Sebastian und seine Genossen heranmachen und jeden an seiner Schwäche fassen.

7d Böse Grüße

s oder **ß**?

Was tun die Geisterkids derweilen?
Sie langweilen sich zu Tode.
Jeder verbringt auf andere Weise seine Zeit.

Übung 12
Lösung S. 144

Sortiere die Tätigkeiten der Geisterkids in die Felder darunter. Dazu musst du auf den fett gedruckten Vokal (Selbstlaut) vor dem **s**-Laut (**s**, **ss**, **ß**) achten.

d**ö**sen, herumd**ü**sen, Pfeile absch**ie**ßen, schm**au**sen, **Ei**senspeere schm**ei**ßen, F**u**ßball spielen, F**e**sseltricks probieren, **e**ssen, W**a**sserski fahren, Bäumchen ausr**ei**ßen

kurz gesprochener Vokal vor dem **s**-Laut	**lang** gesprochener Einzelvokal vor dem **s**-Laut	**Diphthong** (Zwielaut: **au**, **äu**, **eu**, **ai**, **ei**) vor dem **s**-Laut

Übung 13
Lösung S. 144

Jetzt musst du wieder zum Sprachforscher werden.
Ergänze die Regel und male das Feld farbig aus.

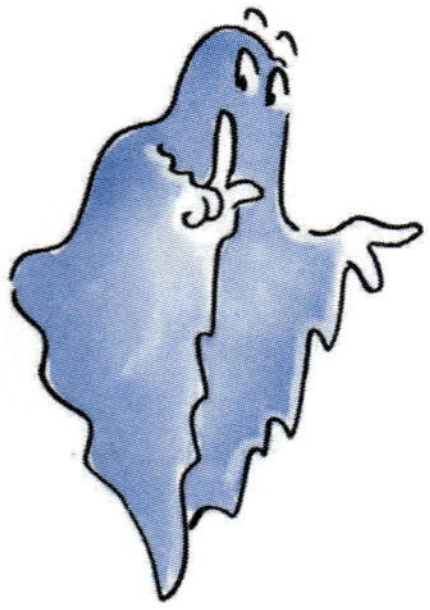

Nach einem langem Vokal oder Diphthong steht .... oder ...., aber niemals ....!

Jetzt kann es nicht mehr passieren, dass du zum Beispiel *Fußball* oder *außerdem* mit **ss** schreibst.

Übung 14
Lösung S. 144

Die folgenden Wörter werden oft fälschlicherweise mit **ss** geschrieben. Male den Vokal bzw. Diphthong vor dem **s** oder **ß** farbig nach und sprich die Wörter laut aus. Bilde dann selbst Sätze mit diesen Wörtern.

außerdem, draußen, außen, Fußball,
heiß, ich weiß, schneeweiß

Jetzt muss noch die Frage geklärt werden: Wann schreibt man ein scharfes **ß**, wann ein einfaches **s** nach einem langen Vokal oder Diphthong? Auf die Aussprache kommt es an!

Man unterscheidet nämlich:
- den stimmhaften **s**-Laut: Er wird summend gesprochen.
- den stimmlosen **s**-Laut: Er wird scharf ausgesprochen.

Beispiele:

stimmhafter s-Laut	**stimmloser s-Laut**
dö**s**en	schmei**ß**en
herumdü**s**en	ausrei**ß**en
schmau**s**en	abschie**ß**en
Ei**s**en	Fü**ß**e

Übung 15

Sprich zuerst die Beispiele in der linken Spalte laut aus. Lass das **s** richtig summen!
Dann sprichst du die Beispiele in der rechten Spalte laut aus. Jetzt sprichst du den **s**-Laut richtig scharf aus!

Als geübter Sprachforscher erkennst du sicher die Regel.

Übung 16
Lösung S. 144

Ergänze die folgende Regel und male das Feld farbig aus.

Nach einem langen Vokal oder Diphthong schreibt man

- ein ....,
  wenn es stimmhaft gesprochen wird,
- und ein ....,
  wenn es stimmlos gesprochen wird.

Nun gibt es allerdings manchmal ein Problem: Wenn der **s**-Laut am Ende eines Wortes oder vor einem Konsonanten steht, spricht man ihn immer stimmlos aus: *Haus, vereist, Fuß, grüßt*. Überprüfe es, indem du diese Wörter laut sprichst.

Dieses Problem kannst du lösen, indem du das Wort verlängerst. So hörst du, ob der **s**-Laut stimmhaft gesprochen wird (dann mit einfachem **s**) oder stimmlos (dann mit scharfem **ß**).

„Verlängern" bedeutet: Du musst eine Form bilden, bei der auf den **s**-Laut ein Vokal (Selbstlaut) folgt, und zwar am besten

- bei Substantiven (Hauptwörtern) bzw. Adjektiven (Eigenschaftwörtern) die Mehrzahl:
  Haus – Häuser, Fuß – Füße, mies – miese
- bei Verben (Zeitwörtern) die Grundform:
  liest, lies! – lesen
- bei manchen Wörtern ein verwandtes Wort:
  lesbar – lesen

Jetzt aber ran ans Üben und zurück zu unseren Freunden!

Übung 17

Lösung S. 144

Suche zu den fett gedruckten Wörtern verlängerte Formen und notiere beide in dein Übungsheft.

Die Geisterkids liegen im **Gras** und Alice **döst**. Es ist angenehm **heiß**. Urplötzlich **schießt** ein Blitz durch die Luft. Ein Sturm **bläst** schwarze Wolken übers Land, und lautes Donnergrollen **verheißt** nichts Gutes. Es **gießt** in Strömen. „Was ist das?", brüllt Marco. Sebastian schreit: „So ein plötzliches Gewitter gibt es doch gar nicht!" Schon **reißt** sie ein **Windstoß** davon. Der Plan des Höllenwolfs scheint zu klappen. Im Schutz eines Baumes, der so **groß** wie ein **Hochhaus** ist, schaut er grinsend zu. Die armen Geisterkids werden in alle Richtungen davongerissen. Er **grüßt** sogar noch. Doch auch ohne diese **Bosheit** ist den Geisterkids klar: Das ist der **Hinweis** auf den Höllenwolf, den sie schon lange erwartet haben.

Übung 18

Lass dir den Text diktieren, und zwar verteilt auf zwei Tage.

Die armen Geisterkids! Wird der Höllenwolf es schaffen, seinen ganzen Plan zu verwirklichen? Jeder der fünf guten Geister allein im Urwald – wie sollen sie das schaffen?

Das denken sich auch die weisen Geistermeister in der fernen Schule. Sie sind die Lehrer der Geisterkids und haben diese, wie sich das gehört, auf große Fahrt geschickt. Aber natürlich passen sie von weitem auf sie auf. Als sie entdecken, was sich gerade ereignet hat, treten sie schnell zu einer Sondersitzung zusammen.

Gleich erfährst du, wie es weitergeht! Nur noch etwas Geduld!

Das Folgende ist vor allem für diejenigen wichtig, die beim Sprechen nicht zwischen dem stimmhaften und dem stimmlosen **s** unterscheiden. Das sind viele Menschen – nämlich alle, die zu Hause nicht hochdeutsch sprechen, sondern beispielsweise einen süddeutschen Dialekt. Wie können die sich merken, ob man **s** oder **ß** schreibt?

Ganz einfach: über die Wortfamilie! Die Wortfamilienregel haben wir ja schon einmal besprochen (auf S. 51).

Übung 19
Lösung S. 144

Ergänze die Regel!

Einmal einfaches **s** –	Einmal **ss / ß** –
immer	immer ....,
	niemals ....

Übung 20
Lösung S. 145

Suche die Wortfamilienmitglieder zu folgenden Familien:

Spaß: ....en, ...ig, das ....chen
büßen: der ....er, die ....e
Kreis: ....en, einge..........t
weisen: der Be.........., unbe..........bar
Preis: an..........en, ...wert

7e Geistermeister, helft!

Schwierige Fälle

Die Geistermeister sind weise Männer und Frauen. Sie bringen den kleinen guten Geistern bei, wie man böse Geister verjagt. Die Abschlussfahrt junger Geister überwachen sie aus der Ferne. Mit ihren Gedanken überwinden sie Zeit und Raum.

Jetzt besprechen sie die Lage. „Die Kinder brauchen Hilfe“, stellt Esiul, ein mächtiger Geist mit weißem Bart, fest. „Doch wie machen wir es, ohne dass sie es merken und enttäuscht sind?“, wendet Ecila ein. „Ja, das ist das Schwierige dabei“, stimmt Rednaxela, die Leiterin der Geisterschule, zu.

Während die Geistermeister überlegen und überlegen, bekommst auch du noch Knobelaufgaben.

Warum schreibt man Wörter wie *reißt, heißt, grüßt* mit **ßt** und Wörter wie *verha**sst**, du mu**sst*** mit **sst**? Werden **st**-Verbindungen nicht immer mit einfachem **s** geschrieben?
Tipp: Zerlege die Wörter in ihre Bestandteile.

Übung 21
Lösung S. 145

Umrahme bei den folgenden Wörtern den Wortstamm. Wenn du ihn nicht gleich erkennst, bilde die Grundform *(reißt – reißen).*

Geister	reißt	verhasst
listig	grüßt	du musst

Übung 22
Lösung S. 145

Hast du das Rätsel gelöst? Dann ergänze diese Sätze:

ßt und **sst** sind etwas anderes als die feste Verbindung **st**:

- **ßt** kommt zustande, wenn der Wortstamm auf .... endet und danach die Endung .... folgt.
  Beispiele: *reiß-t, grüß-t*
- **sst** ergibt sich, wenn der Wortstamm auf .... endet und danach die Endung .... folgt.
  Beispiele: *verhass-t, du muss-t*

Übung 23

Lösung S. 145

Sortiere die im folgenden Text fett gedruckten Wörter in die Tabelle darunter ein und umrahme jeweils den Wortstamm.

Esiul bricht das Schweigen: „**Heißt** es nicht, dass der Geist weht, wo er will? Wir **müssten** die Geisterkids an ihren Willen erinnern. Wenn dich der Sturm **erfasst**, **vergisst** du leicht, was du kannst." „Ich bin von dieser Idee **begeistert**", ruft Rednaxela.
„**Schließt** euch zum mächtigen Kreis zusammen!" Die Geistermeister halten sich an ihren Händen **fest** und schicken mit der Kraft ihrer Gedanken den Geisterkids die Botschaft: „**Leistet** mit eurem Willen Widerstand! So **zerreißt** ihr das Böse."

Wörter mit **st**	Wörter mit **ß-t**	Wörter mit **ss-t**

Auf zur letzten Knobelaufgabe! Wieso wechseln in den folgenden Wörtern **ß** und **ss** ab: *fließen – Fluss, reißen – riss?*

Übung 24

Lösung S. 145

Du weißt vielleicht schon die Antwort. Wenn nicht, achte einmal auf die Länge bzw. Kürze des vorangehenden Vokals (Selbstlauts) und ergänze die folgende Regel.

ß steht nach einem .... Vokal *(fließen)*

oder einem .... *(reißen)*.

ss steht nur nach einem .... Vokal *(Fluss)*.

Übung 25

Lösung S. 145

Bilde jeweils die gesuchte Form.

beißen – der ....   reißen – der ....

fressen – der ....   messen – das ....

7f Die Kraft in mir

das oder **dass**?

Das ist aber wirklich nötig, dass die Geistermeister den fünf Kids zu Hilfe kommen! Das plötzliche Unwetter lässt sie vergessen, dass ihre geistige Kraft ihre Rettung ist. Zaubersprüche und all das wirken nur, wenn man daran glaubt, dass man stark ist.

Das gilt übrigens auch für dich! Ist es nicht oft so, dass du etwas gelernt hast, aber dass du es dann nicht anwenden kannst? Da kommt eine Aufgabe, und das genügt, um dir das Selbstvertrauen zu rauben, das du vorher hattest.

Das Unwetter, das die Geisterkids davonreißt, ist für dich vielleicht wie eine Klassenarbeit. Mach in Zukunft das, was die Geisterkids jetzt auch tun: Sie denken daran, dass sie stark sind, so dass sie all das Gelernte anwenden können. Doch damit sie auch wirklich so stark sind, müssen sie natürlich vorher viel üben. Ohne das geht es nicht. Wer sich Stärke einredet, ohne dass er sie sich angeeignet hat, belügt sich selbst.

Merkst du, um welches Rechtschreibproblem es in dem Textabschnitt geht? Um das Problem **das** oder **dass**! Um hier fit zu werden, musst du die Wortarten erkennen. Aber es geht einfacher: indem man die Ersatzprobe durchführt.

Übung 26
Lösung S. 145

Überlege, welches der unter den Sätzen stehenden Wörter man statt **das** bzw. **dass** sagen kann, und kreuze an.

Das Unwetter überrascht die Geisterkids.
○ dieses ○ welches ○ durch kein Wort ersetzbar

Das ist schrecklich.
○ dieses ○ welches ○ durch kein Wort ersetzbar

Dieses Donnern, **das** die Stille zerreißt, erschreckt sie.
○ dieses ○ welches ○ durch kein Wort ersetzbar

Doch wir wissen, **dass** sie über den Höllenwolf siegen werden.
○ dieses ○ welches ○ durch kein Wort ersetzbar

Übung 27
Lösung S. 145

Fass das Gelernte zusammen, indem du die Regel ergänzt, und male das Feld farbig aus.

Man schreibt ...., wenn man es durch *dieses* oder *welches* ersetzen kann. Sonst schreibt man ....

Übung 28
Lösung S. 146

Markiere in dem linken Text über die Geisterkids und ihre (und deine!) Kräfte mit Leuchtstift alle **das** und suche jeweils das Ersatzwort.

Übung 29

Besonders das **das**, für das man *welches* sagen kann, wird oft falsch geschrieben. Üben wir mit einer Satzbastelmaschine.

Bilde fünf Sätze nach folgendem Muster: *Das Monster, **das** (welches) mir begegnete, erschreckte mich.* Achte auch auf die Kommasetzung!

Das Monster, Das Gespenst, Das Geheimnis, Das Zauberwort, Das …,	**das** (welches)	mir begegnete, ich kitzelte, ich jagte, ich entdeckte, ich verriet,	war nutzlos. biss mich. jodelte. erschreckte mich. …

Übung 30
Lösung S. 146

Markiere jetzt mit einer anderen Farbe die nichtersetzbaren Bindewörter **dass** in der Geistergeschichte links.

Übung 31

Bilde wie bei Übung 30 fünf Sätze mit der Satzbastelmaschine.

Weißt du, Ist es wahr, Niemand zweifelt, Ich denke, Jeder …,	**dass**	du auch Geisteskräfte hast der Höllenwolf verschwindet Geistermeister mächtiger sind es gute Geister gibt Übung den Meister macht	**.** **?**

Übung 32

Lass dir als Test den linken Text über die Geister diktieren – natürlich auf zwei Tage verteilt!

7g Schluss damit!

Abschlusstest

Du hast geübt, du bist fit, du kannst es. Bevor du im Rahmen eines Abschlusstests erfährst, wie die Geschichte im Urwald ausgeht, solltest du die **s**-Regeln, die du gelernt hast, wiederholen.

Übung 33

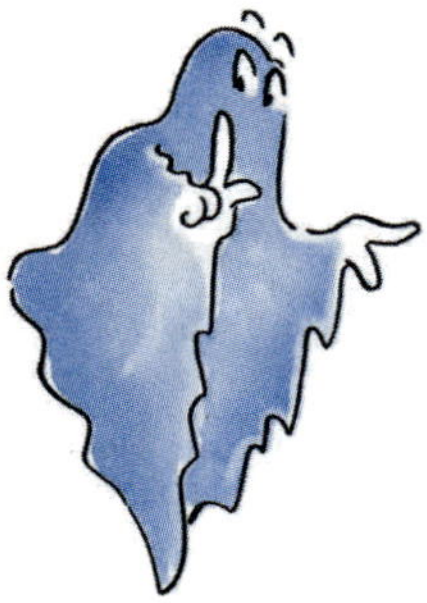

Ergänze die folgenden Regelfelder. Wenn du dir nicht mehr sicher bist, versuche anhand der Beispiele auf eine Lösung zu kommen. Oder du suchst vorne nach der Regelformulierung.

1. Wortfamilienregel Einmal einfaches **s** – immer	Einmal **ss** / **ß** – immer .... , niemals ....

Beispiele:
- speisen, Speisung, gespeist, verspeisen
- schießen, schoss, geschossen, beschießen, Schießübung

2. **s**-Laut nach einem ....: immer einfaches **s**.

Beispiele: winseln, rülpsen, Wachs

3. Das **s** in den festen Verbindungen **st** und **sp** schreibt man immer mit ....

Beispiele: Last, lustig, lispeln

4. Folgt auf einen kurzen Vokal ein **s**-Laut, der am Ende des Wortstammes steht, schreibt man immer ....

Beispiele: Wasser, wässrig, müssen, Küsse, Anlass

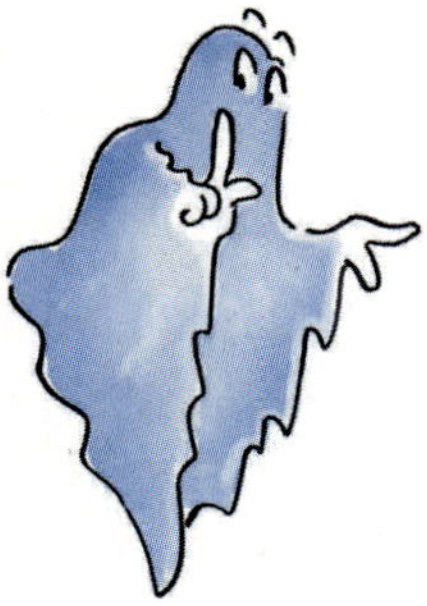

> 5. Nach einem langen Vokal oder Diphthong schreibt man ein ...., wenn es stimmhaft gesprochen wird, und ein ...., wenn es stimmlos gesprochen wird. Niemals aber schreibt man ....!

Beispiele:
- Riese – riesig; Mäuse; beweisen
- groß – größer – am größten; süß – Süße

> 6. **das** oder **dass**?
>
> Man schreibt **das**, wenn man es durch ....
> oder .... ersetzen kann. Sonst schreibt man **dass**.

Beispiele:
- Das ist das Gespenst, das ich mag.
- Ich weiß, dass es mich auch mag.

Übung 34 Lass dir den Text diktieren – wie immer auf zwei Tage verteilt.

Das Unwetter, das der böse Höllenwolf entfesselt hat, reißt die Geisterkids davon. Doch die Geistermeister helfen: Sie lassen die Kids an ihre geistigen Kräfte denken. Sebastian und seine Freunde vergessen tatsächlich ihre Angst. Sie reißen sich zusammen und befehlen den Stürmen zu schweigen.
Das ist aber nicht einfach. Es ist selbstverständlich, dass sich der Höllenwolf wehrt. Er und die bösen Monster der Finsternis besitzen auch Zauberkräfte. So passiert etwas Komisches: Die Stürme brausen im einen Augenblick gewaltig, im nächsten ist es still. Dann rast wieder ein riesiger Windstoß durch die Äste. So geht es hin und her.
Schließlich siegt das Gute. Die Geisterkids landen sanft am Flussufer. Allerdings ist das Schiff versunken. Sie können bloß die Kristallkugel mit der schwarzen Blume retten.
Hasserfüllt schießen die bösen Gespenster in ihre Löcher zurück. Der Zorn des Höllenwolfs ist größer als je zuvor.
„Wenn wir nicht aufgepasst hätten, hätte er uns mit seiner List fast vernichtet“, stellt Marco fest. John ergänzt: „Wir müssen immer daran denken, dass wir die besseren Kräfte besitzen.“

8

Gangster, Hexen und Vampire

Schwierige Konsonanten

8a Sächsische Hexen

Der **x**-Laut

Der Höllenwolf gibt nicht auf. Sein neuer Plan: Er sät irgendwo Hass, lässt es die Geisterkids wissen und verschwindet gleich wieder. Den Anfang macht er in Sachsen …

In sä**chs**ischen Gebir**gs**wäldern leben noch immer He**x**en. Nur die weni**gs**ten wissen davon. Deshalb entde**cks**t auch du sie nicht. Eigentlich sind sie friedfertig. Nur die, die etwa 500 Jahre alt sind, fallen gelegentlich Menschen hinterrü**cks** an.

Eines Mitta**gs** kommt der Höllenwolf. „Ma**gs**t du Eide**chs**en und eine E**x**traportion Fu**chs**milch?“, fragen sie. „Natürlich! Was für ein Lu**x**us!“, heuchelt er. Dann erzählt er eine Lüge: dass die Regierung die Wälder wegen eines Freizeitpar**ks** abholzen wolle. „Du ti**cks**t ja nicht richtig!“, schreien sie. „Ich spreche stets die Wahrheit“, entgegnet er scheinheilig.

Den Laut **x** kann man schreiben als **x** *(Hexe)*, **chs** *(Fuchs)*, **gs** *(mittags)*, **ks** *(links)* oder **cks** *(du packst)*. Sprich die Wörter, die im Text fett gedruckt sind, laut aus, um das zu hören! Mit Hilfe der Übungen wirst du leicht mit dem **x**-Laut fertig.

Übung 1
Lösung S. 147

Umrahme in den folgenden Wörtern den Wortstamm.

du legst — des Parks — du packst
sonntags — du stinkst — eindrucksvoll

Du siehst: Der **x**-Laut entsteht in diesen Fällen, weil auf ein **g**, **k** oder **ck** ein **s** folgt, das zur Endung gehört.

Übung 2
Lösung S. 147

Bilde die Wortformen und notiere sie.

ich wanke → du ……………… der Tank → des ………………

ich backe → du ……………… das Gepäck → des ………………

Nur bei wenigen Wörtern wird der **x**-Laut anders geschrieben: mit **chs** oder mit **x**. Diese Wörter musst du dir merken.

Übung 3

Bilde mit folgenden **x**-Wörtern Sätze und lass sie dir diktieren:

hexen, Taxi, extra, Axt, Luxus, mixen, fix

Übung 4

Lösung S. 147

Dieses Kreuzworträtsel enthält wichtige **chs**-Wörter. Bilde mit ihnen Sätze.

1 „…, du hast die Gans gestohlen, gib sie wieder her!“
2 Bundesland; Hauptstadt: Dresden
3 Statt „immer größer werden“ sagt man …
4 Statt Geld „umtauschen“ sagt man …
5 Eine Kerze besteht aus …
6 Ein Rind, das weder Kuh noch Stier ist.
7 Tier, das den Schwanz verliert, wenn man es berührt

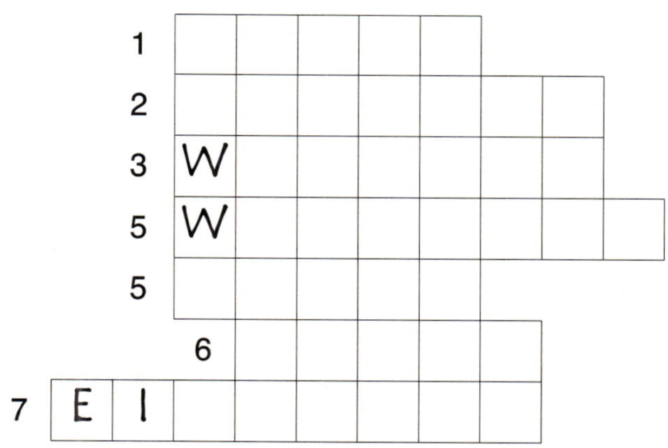

Übung 5

Lass dir den folgenden Text diktieren.

Die Hexen schmieden böse Pläne: „Du erschrickst hinterrücks die Wanderer, die unterwegs sind.“ „Und du zwickst sie.“ „Und du brüllst wie ein Ochse.“ „Und du quälst sie mit heißem Wachs.“ „Und du stinkst extra schlimm.“ „Und du steckst sie in einen Fuchsbau.“ „Und du hängst miefende Lachse in die Bäume.“ Sie wissen: So würde die Angst der Menschen wachsen. Keine Regierung würde mehr wegen eines Freizeitparks die Wälder mit Äxten fällen. Der zufriedene Höllenwolf lässt fix die Geisterkids benachrichtigen.

8b Ein furchtbar wütendes Volk

v oder **f**?

Viele Schüler grübeln, ob sie **v** oder **f** schreiben sollen. Dabei kommt der Buchstabe **v** nur in wenigen Wörtern und Wortgruppen vor. Präge dir diese ein und schreibe alle anderen Wörter mit **f**!

Übung 6
Lösung S. 147

Unterstreiche im folgenden Text alle Wörter mit einem **v**:

Was die Hexen vorhaben, setzen sie voller Wut um: Wenn ein braver Wanderer um die Kurve kommt, erschrecken sie ihn furchtbar. Sie wiehern wie tollwütiges Vieh oder rasen wie wilde Vögel auf die Menschen nieder. In der Bevölkerung spricht sich herum, dass es in den Bergwäldern furchtbar spukt. Das Volk hat so Angst, dass niemand mehr in die vielen schönen Berge fährt. Zugleich sind alle so voller Ärger, dass sie wie feurige Vulkane auf die Regierung schimpfen. Diese soll den verdammten Spuk beenden.
Wie der verteufelte Höllenwolf es geplant hat, erfahren die fünf Geisterkids von den Ereignissen. Sofort rasen sie hin. Vielleicht werden sie jetzt endlich den Höllenwolf vernichten.

Übung 7
Lösung S. 147

Viele **v**-Wörter haben eine der Vorsilben **vor**- oder **ver**-: *vorgehen, vorlaufen; vergehen, verdammt.* Übe mit dem Wörterbuch: Suche je zehn Wörter mit diesen Vorsilben heraus und notiere sie hier.

ver-: ....

....

....

vor-: ....

....

....

Übung 8
Lösung S. 147

Notiere alle **v**-Wörter aus dem letzten Text, die nicht mit den Vorsilben **ver**- oder **vor**- beginnen. Schreibe jeweils die Grundform (also z. B. *voll* statt *voller*) auf.

Übung 9
Lösung S. 147

Weitere **v**-Wörter findest du, wenn du diese Rätselfragen löst.

Ein Kind hat eine Mutter und einen .... – Zwei plus zwei ist .... – Wenn ein Mensch einem anderen gehört, ist er ein .... – Ein blaues Blümchen und ein blaues Auge nennt man ....

Übung 10

Bilde mit den **v**-Wörtern, die du in den Übungen 7 bis 9 zusammengestellt hast, selbst kleine Sätze. Unterstreiche jeweils die **v**-Wörter. Lass dir die Sätze am nächsten Tag diktieren.

Übung 11
Lösung S. 147

Jetzt bist du sicher fit für einen kleinen Test. Entscheide im folgenden Text, ob man **v** oder **f** schreiben muss.

Schnell wie die ......ögel ......liegen die Geisterkids ins ......erne Sachsen. Ihr ......erdacht, der Höllenwol...... sei an allem schuld, ...erhärtet sich so......ort. ......oller Schrecken sehen sie, wie die ......erdammt wütende Be......ölkerung die Regierung beschimp......t und sogar einem bra......en Minister ein „......eilchen" schlägt. Die Politiker sind ......öllig ......ertig. Diesmal sind sie doch wirklich unschuldig! „......ielleicht müssen wir mit den Hexen ......erhandeln", schlägt Sebastian ......or. Sie ......ürchten zwar ein wenig die Ge......ahr, aber ......on alleine würde sich das Problem nicht lösen. Gesagt, getan! Glücklicherweise sind die Hexen ......iel leichter zu überzeugen, als die Geisterkids dachten. Die Hexen sind selbst......erständlich ......urchtbar wütend au...... den Höllenwol....... Doch ......on dem ist weit und breit nichts mehr zu entdecken.

8c Ein schrecklich trauriger Dracula

-lich oder **-ig**?

Die Geisterkids können sich vom letzten **abenteuerlichen** Erlebnis nicht erholen. Schon erreicht sie die nächste Nachricht vom **entsetzlichen** Treiben des **gruseligen** Höllenwolfs. In einem **niedlichen** kleinen Dorf im **bergigen** Teil Rumäniens ist der Teufel los. **Blutrünstige** Vampire sollen dort ihr Unwesen treiben. Man erzählt sich **schreckliche** Dinge. Die Leute sind nicht zu beruhigen. Schließlich verdächtigt jeder jeden, mit dem Vampir im Bunde zu stehen. Typisch für den Höllenwolf!

Ob man am Ende von Adjektiven (Eigenschaftswörtern) wie *schrecklich* oder *gruselig* ein **ch** oder ein **g** schreibt, ist einzeln festgelegt. Es gibt aber ein Hilfsmittel: Verlängere das Wort, das heißt, setze es in den Plural (Mehrzahl). So hörst du, was du schreiben musst. Voraussetzung: Du sprichst das Wort hochdeutsch aus.

Übung 12
Lösung S. 148

Jetzt kannst du dir ein Bild machen, welche Gefühle die Menschen in dem Dorf hatten. Bilde zu den Substantiven (Hauptwörtern) das zugehörige Adjektiv (Eigenschaftswort) und setze es dann in den Plural (Mehrzahl).

Jammer → jämmerlich ...., jämmerliche ....
Hass → ...., ...
Schrecken → ...., ...
Angst → ...., ...
Gefahr → ...., ...

Übung 13
Lösung S. 148

Sie geht wie Übung 11, nur diesmal mit Adjektiven auf **-ig**.

Trauer → ...., ...
Zorn → ...., ...
Unruhe → ...., ...
Wahnsinn → ...., ...

Übung 14
Lösung S. 148

Setze die folgenden Adjektive richtig in den Text ein:
hitzig – witzig – fertig – blutrünstig

„Das ist nicht mehr ……………………“, schimpft Leonie. „Wie kann der Höllenwolf die …………………… Vampire loslassen?!“ John schreit ……………………: „Den Kerl mache ich ……………………!“

Übung 15
Lösung S. 148

Entscheide, ob du **-ig** oder **-lich** schreiben musst.

Die Geisterkids fliegen **mut**…… über die **nächt**…… Wälder. Wo ist der **schreck**…… Vampir, der alle so **entsetz**…… **fert**…… macht? „Da, ein Vampirschloss!“, ruft Alice **plötz**……. „Und dort eine **ries**…… Menschenmenge. Die wollen das Schloss stürmen!“ **Unverzüg**…… landen sie. **Zufäll**…… finden sie eine **unheim**…… Grabkammer, in der sich ein **ängst**…… kleiner Vampir versteckt. „Bitte tut mir nichts!“, flüstert er **jämmer**……. „Ich bin nur ein Draculakind.“ **Mitleid**…… kümmern sie sich um ihn. Sie erfahren: Der **bösart**…… Höllenwolf hat ihn aufgeweckt und **list**…… ins Nachbardorf gelockt. Dort versetzte er **unabsicht**…… die Menschen in **völl**…… Panik. Dabei ist der **nied**…… Dracula erst **zweihundertfünfz**…… Jahre alt und hat noch nie Menschen ausgesaugt. Die Geisterkids bringen ihn in ein **fried**…… Draculakinder-Waisenhaus. **Frei**…… ist ihnen der Höllenwolf wieder entwischt.

8d Unendlich entnervt

end oder **ent-**?

Die Geisterkids sind schon ganz schön **entnervt**. Schließlich jagen sie seit Wochen hinter dem Höllenwolf her. Diese **entsetzliche** Aktion scheint **endlos** zu dauern. Würde der Kampf zwischen dem Guten und dem Bösen nie **enden**? Würden sie den Höllenwolf niemals **entmachten**? Würde er ihnen immer wieder **entkommen**? All diese Fragen gehen ihnen durch den Kopf, während sie sich gerade in einem Geisterhotel am Mittelmeer ein wenig **entspannen** wollen.

Lassen wir die armen Geisterkids in diesem Kapitel in Ruhe. Sie müssen sich wirklich erst einmal erholen. Wir beschäftigen uns so lange mit der Frage: Warum schreibt man *endlos* mit **d**, *entspannen* aber mit **t**?

Übung 16
Lösung S. 148

Umrahme die Wortstämme der Wörter in den ersten beiden Zeilen der Tabelle unten.

Übung 17
Lösung S. 148

Der Unterschied zwischen **end** und **ent-** fällt dir jetzt sicher auf. Kreuze die richtige Antwort an.

end ist ◯ Vorsilbe ◯ Wortstamm
ent- ist ◯ Vorsilbe ◯ Wortstamm

Übung 18
Lösung S. 148

Vervollständige die mittlere Zeile der Tabelle. Male die linke Spalte in einer Farbe aus, die rechte in einer anderen.

endlich beenden	entspannen entsetzlich
end ist	**ent-** ist ....
Diese Wörter haben etwas mit *Ende* zu tun.	

Am besten konzentrierst du dich auf die Wörter der Familie **end**. Wenn du diese beherrschst, wirst du alle Wörter, die mit **ent-** beginnen, auch richtig schreiben.

Übung 19
Lösung S. 149

Wenn du die unvollständigen Wörter mit dem Wortstamm **end** bzw. **End** kombinierst, findest du wichtige Wortfamilienmitglieder. Notiere sie und umrahme den Wortstamm.

...lich | ...spurt | un...lich | be...en | ...en

...runde | ...los | ...kampf | ...punkt | ...stand

...gültig | ...spiel | ver...en | ...station | ...losigkeit

...ergebnis | Un...lichkeit | ...abrechnung

Schauen wir, was so in den Köpfen der Geisterkids vorgeht.

Übung 20
Lösung S. 149

Ergänze in den Denkblasen **end** / **End** oder **ent-**.

Wie gerne würde ich den Höllenwolf in der un..........lichen Weite des Weltalls ....sorgen.

Hoffentlich kommt es bald zur ....scheidungsschlacht und zum ....kampf.

Ich will ....lich ein großer Geist sein. Die Höllenwolfpläne müssen doch zu ....schlüsseln sein.

In der ....spannung liegt die Kraft.

8e Geldgier macht verrückt

Verlängerungsprobe; Abschlusstest

Erneut ereilt die Geisterkids eine erschreckende Nachricht. Goldgräber belagern im Wilden Westen einen Indianerstamm. Verwirrt schüttelt John den Kopf: „Das gibt's doch nicht! Vor hundert Jahren ist so was passiert, aber im 21. Jahrhundert?" Auch die anderen sind ratlos. So bleibt ihnen nichts übrig, als den nächsten Geisterjet zu nehmen und dorthin zu düsen.

Die Geisterkids sind verwirrt. Du bist es vielleicht manchmal auch, wenn du z. B. das Wort *erschreckend* schreiben willst. Du hörst am Ende ein **t**, aber man soll es mit **d** schreiben. Wieso denn das? Es heißt doch immer: „Schreibe, wie du sprichst!"

Der Satz stimmt leider nur teilweise. Im Deutschen wird ein weicher Konsonant (Mitlaut) am Ende eines Wortstamms oder Wortes immer hart ausgesprochen. Das Wort *Rad* spricht sich gleich aus wie *Rat*! Erst wenn man das Wort **verlängert**, hört man wieder, dass es sich eigentlich um einen weichen Laut handelt *(die Räder)*. Das Verlängern, das du schon aus anderen Kapiteln kennst, ist auch hier ein gutes Hilfsmittel.

Beispiel:

erschrecken**d**	→	erschrecken**d**e
(**d** wird hart gesprochen, also wie ein **t**)		(**d** wird weich gesprochen, eben als **d**)

Übung 21
Lösung S. 149

Verlängere die Wörter, indem du den Plural (Mehrzahl) bildest.

Grab –	Erfolg – ....
Wald –	tausend – ....
Sarg –	brüllend – ....
Anzug –	singend – ....
Rand –	störend – ....

Übung 22
Lösung S. 149

Verlängere die Wörter, indem du das zugehörige Verb (Zeitwort) im Infinitiv (Grundform) bildest.

Leid	– leiden	tragbar	– ....
Lob	–	Säugling	– ....
Raub	–	folgsam	– ....
Staub	–	fraglich	– ....
beruhigt	–	gelobt	– ....

Was für Wörter mit einem weichen Konsonanten am Wortstammende gilt, gilt ebenso für solche mit einem harten. Auch hier kann man durch die Verlängerungsprobe hören, wie man den „Problem-Buchstaben" schreibt.
Beispiel: Schran**k** – Schrän**k**e

Übung 23
Lösung S. 149

Wie Übung 21!

gepumpt	–	du bemerkst	– ....
Spalt	–	du stülpst	– ....
Piepmatz	–	deutlich	– ....
Kalk	–	Rat	– ....

Im Wilden Westen angekommen, sind die Geisterkids zutiefst erschrocken: Tatsächlich lagert eine Horde von Goldgräbern rund um ein Indianerdorf. „Jetzt müssen wir erst einmal diese Kerle vertreiben", meint Sebastian. Alice antwortet: „Da habe ich eine Idee!" Sie beginnen leise miteinander zu tuscheln.

Übung 24
Lösung S. 150

Entscheide, ob du **b** oder **p**, **d** oder **t**, **g** oder **k** schreiben musst. Verlängere die Wörter, wenn du nicht sicher bist.

Im Lager der Gol……gräber geht es ü……rigens wil…… zu. Die Kerle sind voller Ha……gier. Ständi…… gi……t es Strei…….
Vor einem Zel…… herrscht ein großes Tohuwabohu: Ein Jongleur wirft mit Bällen und Fackeln. Eine atemberauben…… schöne Tänzerin schwingt ihre Hüften zu der Musi…… einer dreiköpfigen Band. Die Darbietungen sind ein Riesenerfol…… und die Gol……gräber bekommen den Mun…… nicht zu. Denselben füllen sie sich jedoch umgehen…… mit Schnaps. Die fünf Künstler (wer ist das wohl?) heizen das Gelage kräfti…… an. Sie spendieren ein alkoholisches Geträn…… nach dem anderen. Am Ende liegen alle berausch…… und ohnmächti…… auf dem San……boden. Nur die Geisterkids, die sich so schön verkleide…… haben, nicht! Denn Geister können bekann……lich saufen, wie sie wollen, sie werden nie blau. Beneidenswer……!

Vielleicht fragst du dich, wieso die Gauner die fünf Geisterkids sehen konnten. Geister sind ja normalerweise unsichtbar. Aber wenn sie Zaubersprüche verwenden, werden sie sichtbar.

Übung 25
Lösung S. 150

Bevor du erfährst, wie es weitergeht, musst du noch etwas tüfteln. Kreuze an, welche der folgenden Schreibweisen richtig ist. Wenn du dir unsicher bist, schau im Wörterbuch nach.

○ am strahlendsten	○ am strahlentsten	○ am strahlensten
○ am erbitterdsten	○ am erbittertsten	○ am erbittersten
○ am schöndsten	○ am schöntsten	○ am schönsten

Die Bildung des Superlativs (höchste Steigerungsform eines Eigenschaftswortes) ist einfach: Du hängst an das Grundwort die Endung -**ste**(n) an.
Falls du bei der Schreibung des Grundworts unsicher bist, verwendest du die Verlängerungsprobe:
strahlend → strahlende; erbittert → erbitterte; schön → schöne.

Übung 26
Lösung S. 150

Bilde zu jedem der folgenden Wörter den Superlativ.

schön	→	am schönsten
gemein	→	am ....
verlogen	→	am ....
gelungen	→	am ....
spannend	→	am ....
störend	→	am ....
bedeutend	→	am ....
gefürchtet	→	am ....
geeignet	→	am ....
entwickelt	→	am ....

Übung 27

Fit für einen Abschlusstest? Lass dir den Text – verteilt auf zwei Tage – diktieren.

Nun folgt der zweite Teil des Plans der Geisterkids. Sie spuken in verschiedenster Weise. John weckt die betrunkensten Gauner auf, indem er sie mit glühend heißen Geldstücken bewirft. Leonie erscheint als Hexe und kreischt entsetzlich. Marco rasselt brüllend mit Ketten. Alice spuckt den Raubmördern Feuer ins Gesicht. Sogar der brave Sebastian tobt sich aus: Mit Computerhilfe gaukelt er den Verbrechern vor, dass gefährliche Füchse und giftige Eidechsen sie beißen.

Die mutigsten Männer werden überraschend zu den riesigsten Feiglingen und machen sich völlig entnervt aus dem Staub. Da die erfolgreichen Geisterkids zu den bescheidensten Geistern gehören, verlassen sie unerkannt den Ort. Die Indianer halten bis heute alles für eine Rettung durch unendlich gütige Götter.

Verspätung schafft Hass

Groß- und Kleinschreibung

9a Immer Ärger mit der U-Bahn

Substantive

Bekanntlich erzeugt der Höllenwolf bei den Menschen gerne Hass und Wut. Nun kommt er auf eine neue Idee. Der Ort des Geschehens ist eine Großstadt in Amerika. Natürlich lässt der Satansbraten den Geisterkids eine Nachricht zukommen, um sie weiter durch die Welt zu jagen. Sein Plan, die lästige Bande der guten Geister loszuwerden, soll noch für viele Überraschungen sorgen.

Sicher interessiert dich der Plan des Höllenwolfs. Zuvor musst du wissen: Der böse Kerl besuchte eine Woche vorher in der Hölle einen Sonderlehrgang mit dem Titel: „Moderne Technik als Mittel zur Erzeugung von Bosheit". Natürlich bestand er mit Auszeichnung. Wenn es um Gemeinheiten geht, ist er ein Streber. Jetzt weiß er, wie er mit geringer Anstrengung bei einer großen Menge von Menschen Hassgefühle erzeugen kann.

Deutsch ist eine einzigartige Sprache, was die Groß- und Kleinschreibung betrifft. Keine andere kennt solche Regeln und die muss man leider lernen.

Substantive werden großgeschrieben.

Diese Grundregel kennst du. Vielleicht schreibst du aber trotzdem oft normale Substantive klein. Dann empfehlen wir dir das folgende Spezialtraining.

Das Training umfasst drei Übungstechniken. Die solltest du immer in kleinen Portionen (10 Minuten am Tag) über mehrere Wochen hinweg durchführen. Dein Sprachgefühl wird so gestärkt. Die Texte, die du verwendest, können aus Zeitungen, Jugend- oder Sachbüchern stammen – was du gerne magst! Sie sollten natürlich ohne Fehler sein. Außerdem solltest du den Text vorher überfliegen, damit du weißt, um was es geht.

Übungstechnik 1:
Suche einen kurzen Text(abschnitt) aus und markiere mit einem Leuchtstift alle echten Substantive. Dabei lässt du die Wörter am Satzanfang weg, die ja immer großgeschrieben werden. Danach gehst du mit jemandem den Text durch, ob du nichts übersehen hast. Um Ausdrücke, die nach Spezialregeln großgeschrieben werden, brauchst du dich nicht zu kümmern.

Übung 1
Lösung S. 151

Probiere diese Technik gleich bei dem Text links aus.

Übungstechnik 2:
Hier liest dir jemand einen kurzen Text erst ganz und dann Wort für Wort vor. Bei jedem Wort sagst du, ob das Wort groß- oder kleinzuschreiben ist. Dabei bewegst du die Hand nach oben, wenn das Wort großzuschreiben ist, und nach unten, wenn es kleinzuschreiben ist.

Übung 2

Wende diese Technik an, indem du dir die Fortsetzung der Geschichte vorlesen lässt. Sie steht im Lösungsteil auf S. 151.

Übungstechnik 3:
Jemand schreibt dir einige Sätze mit lauter Großbuchstaben auf. (Geht übrigens einfach am Computer!) Du schreibst dann die Sätze normal nieder.

Übung 3
Lösung S. 151

Wende die Technik auf die Sätze in der Sprechblase an.

DIE VORSCHLÄGE VON DEM KURS IN DER HÖLLE WAREN PRIMA.

MAN MUSS NUR DIE PROGRAMME IN DEN COMPUTERN DER BAHN DURCHEINANDER BRINGEN.

DA FANGEN ZWEI FRAUEN EINEN STREIT AN. WIE SCHÖN!

DER KERL MACHT DER FRAU SCHÖNE AUGEN. GLEICH GIBT SIE IHM EINE OHRFEIGE.

Aus Verben (Zeitwörtern) oder Adjektiven (Eigenschaftswörtern) werden durch gewisse **Endungen** oder **Nachsilben Substantive**: aus *landen* wird *die Landung*, aus *gemein* wird *die Gemeinheit*. Mancher Fehler entsteht, weil man beim Schreiben noch an die Ausgangswörter denkt und die Endung bzw. Nachsilbe nicht wahrnimmt.

Übung 4
Lösung S. 151

Sortiere die fett gedruckten Wörter in die Tabelle unten ein. Male dann die linke Spalte farbig aus.

Nach ihrer **Landung** stellen die Geisterkids mit **Besorgnis** fest: Am Bahnhof hat die U-Bahn **Verspätung**. Dieses **Erlebnis** zeigt gleich die **Wirkung** der neuesten **Gemeinheit** ihres Gegners. Weitere **Ereignisse** folgen: Eine versehentliche **Berührung** führt dazu, dass zwei Leute eine **Prügelei** anfangen. Ein Kind ist von der **Warterei** genervt und weint. Das empfinden andere Leute als **Belästigung** und **Frechheit**. Die Mutter reagiert mit **Heftigkeit**: „Solche **Bemerkungen** zeigen nur Ihre **Dummheit**." Die **Streitereien** wachsen mit jeder **Meldung** einer weiteren Verspätung. Die Geisterkids versuchen mit Gedankenkraft für **Beruhigung** zu sorgen, aber ihre **Bemühungen** sind von **Erfolglosigkeit** gekrönt. „Wie können wir die **Auseinandersetzungen** nur beenden?", fragt John mit großer **Ratlosigkeit**.

-ung / -ungen	
-nis / -nisse	
-heit	
-keit	
-ei/ -eien	

Übung 5
Lösung S. 152

Bilde jetzt selbst Substantive.

spät	+ ung	heiter	+ keit
hoffen	+ ung	hindern	+ nis
böse	+ heit	schreien	+ ei

Übung 6
Lösung S. 152

Unterlege die Wörter mit Leuchtstift, die eine der behandelten Nachsilben bzw. Endungen -**ung**, -**nis**, -**heit**, -**keit**, -**ei** haben.

Die Geisterkids fliegen in die Stadtmitte. Dort herrscht Chaos: Wegen der U-Bahn-Verspätungen fahren viele mit dem Auto. Gewaltige Staus sind die Folge. Die Geisterkids beschließen zur U-Bahn-Zentrale zu fliegen. Ihre Hoffnung: „Vielleicht finden wir hier eine Lösung." Als sie ankommen, spüren sie die Verseuchung mit Bosheit. Um sich Klarheit zu verschaffen, setzen sie die schwarze Blume ein. Ihre Wirkung ist bekannt: Menschen, die eine Verbindung mit dem Bösen haben, halten den Gestank der Blüte nicht aus. Der Erfolg ist unglaublich: Alle Mitarbeiter in der Zentrale werden grün. In ihrer Umgebung jaulen schwarze Geister und stoßen wüste Beschimpfungen aus. Das Geschrei ist riesig.

Übung 7

Lass dir den Text diktieren.

„Ist das die Möglichkeit?", brüllt Leonie. „Mit so viel Gemeinheit werden wir nie fertig!" Alice unterbricht sie: „Da drüben ist der Höllenwolf!" Doch eine Verfolgung ist unmöglich: Der Kerl verschwindet in einem Computer! Völlige Ratlosigkeit erfasst die Geisterkids. Außerdem bemerken sie die ungewollte Wirkung ihrer Unternehmung: Erst gibt es noch mehr Verspätungen der U-Bahn, dann bricht der Verkehr zusammen. Keiner der grün angelaufenen Menschen besitzt mehr die Fähigkeit zur Bedienung der Anlagen. Sebastian jammert: „Von wegen Beruhigung! Nun haben wir eine Verschlimmerung der Lage." Nur Marco behält seine Gelassenheit: „Weisheit ist, sich Hilfe zu holen, wenn man sie braucht."

9b Am Tage ist die Luft nicht frei

Zeitangaben

Erst wird es **Abend**. Dann senkt sich die **Nacht** über die Stadt. Die Schrecken des **Tages** werden vergessen. Die Menschen fürchten zwar, dass die U-Bahnen am **Morgen** wieder zu spät kommen. Doch das Ganze kann nicht mehr viele **Tage** dauern. In ein paar **Wochen** werden sie darüber nur mehr lachen.

Die Schreibweise von Zeitangaben kannst du dir leicht erarbeiten.

Übung 8
Lösung S. 152

Wieso werden die in dem Eingangstext fett gedruckten Zeitangaben großgeschrieben? Streiche die falsche Antwort dick durch, umrahme die richtige und male das Feld farbig aus.

Zeitangaben schreibt man immer groß.

Zeitangaben schreibt man groß, wenn es sich um Substantive handelt.

Übung 9

Bilde selbst Sätze mit folgenden substantivischen Zeitangaben:

eines Morgens, eines Tages, eines Abends

Übung 10

Lass dir den Eingangstext diktieren.

Übung 11
Lösung S. 152

Nun gibt es auch Zeitangaben, die man kleinschreibt. Unterlege alle kleingeschriebenen Zeitangaben mit Leuchtstift.

Du weißt ja, dass Geister durch Gedankenkraft miteinander in Verbindung treten. Wenn sie aber tagsüber über weite Strecken „reden“ wollen, taucht ein Problem auf: Die Menschen schicken täglich viele Nachrichten durch die Luft. Das fängt schon morgens an und geht vormittags, mittags, nachmittags und abends weiter. Fernsehen, Radio, Mobilfunk – all das stört die Gedankenübertragung der Geister erheblich. Nur nachts, am besten mitternachts ist die Luft frei.

Warum man diese Zeitangaben kleinschreibt, sagt dir die folgende Regel. Lies sie und male das Feld farbig aus.

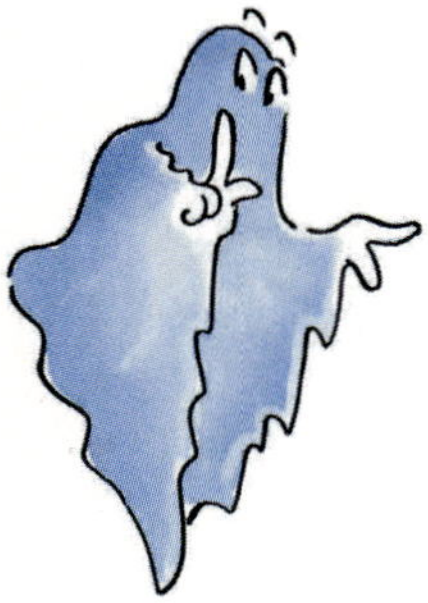

> Zeitangaben werden kleingeschrieben, wenn es sich nicht um Substantive, sondern um **Umstandswörter** (Adverbien) handelt. Meist erkennt man sie an der Endung **-s** oder **-lich**; Beispiele: nachts, nächtlich.

Merke dir besonders:
morgen (= nächster Tag) – aber: *der* ***Morgen*** (= Tagesanfang)

Übung 12

Lass dir den letzten Geschichtentext (aus Übung 11) diktieren.

Nun können die Zeitangaben auch kombiniert werden. Lies die folgende Regel und male das Feld farbig aus.

> Bei kombinierten Zeitangaben wie *morgen Mittag* oder *gestern Abend* schreibt man die erste klein, die zweite groß.

Übung 13
Lösung S. 152

Bilde kombinierte Zeitangaben, indem du aus dem linken und dem rechten Feld je eine Angabe entnimmst.

gestern heute morgen	Morgen Mittag Abend

Übung 14

Fit für einen Test? Lass dir den folgenden Text diktieren.

Spät nach Mitternacht schweben die Geisterkids im Kreis um die Spitze eines Wolkenkratzers. Der Morgen ist noch weit. Ruhe herrscht in der Stadt, die tagsüber und selbst abends noch so lebendig war. „Hoffentlich erreichen wir die Geistermeister“, meint John. „Das Durcheinander darf nicht noch Tage weitergehen. Und morgen Mittag soll es heiß werden. Bis zum Abend wäre die Hölle los.“ „Genau das will der Höllenwolf“, wirft Leonie ein. „Wir haben ihn gestern und heute nicht erwischt, aber morgen oder übermorgen kriegen wir ihn.“ Dann rufen sie die Geistermeister.

9c Geisterrat um Mitternacht

Anredeformen

Erinnerst du dich noch an die Geistermeister? Das sind die klugen Lehrerinnen und Lehrer der Geisterkids. Schon einmal mussten sie Alice, Leonie und ihren Freunden helfen. Auch jetzt wenden sie sich an Esiul, den mächtigen Geist mit weißem Bart, an Ecila und an Rednaxela, die Leiterin der Geisterschule.

Natürlich müssen die Geisterkids die Geistermeister höflich anreden. Sie können nicht einfach sagen: „He du, Alter, schieb uns mal ein paar Tipps rüber." Die höfliche Anrede wird bei der Rechtschreibung auch deutlich gekennzeichnet. Du kennst sicher die Regel.

Übung 15
Lösung S. 152

Ergänze die folgende Regel und male das Feld farbig aus.

Die Anredepronomen (Fürwörter) **Sie** und **Ihr / Ihre / Ihren** schreibt man immer ....
Alle anderen Anredepronomen (**du**, **dein**, **dich**; **ihr**, **euer**, **euch**) schreibt man ....

Aber Achtung! Nicht jedes *sie* und *ihr* ist eine Anrede. Manchmal bezieht sich das Pronomen auch auf etwas anderes. Du musst auf den Zusammenhang achten. Beispiel:

- Alice sagt zu Herrn Meier: „Ich sage **Ihnen**, Herr Meier, dass **Sie** ein Verbündeter des Höllenwolfs sind."
  → *Ihnen* und *Sie* sind Anredepronomen.
- Alice sagt zu Leonie: „Ich sage **ihnen**, den U-Bahn-Mitarbeitern, dass **sie** Verbündete des Höllenwolfs sind."
  → Die Pronomen *ihnen* und *sie* beziehen sich auf andere Personen, nicht auf die angesprochene Person.

Übung 16
Lösung S. 152

Du hast eine einmalige Gelegenheit: Du kannst an einem mitternächtlichen Geistergespräch teilnehmen. Allerdings verlangen die Geister eine kleine Gegenleistung: Hinter jeder Lücke steht in Großbuchstaben ein Pronomen. Schreibe es richtig in die Lücke.

Rednaxela: „Ich grüße .... (EUCH), ... (IHR) Kinder."

Marco: „Wir grüßen .... (SIE), o Meisterin der Geister."

Rednaxela: „Wie geht es .... (DIR), Marco?"

Marco: „Nicht gut. Wir brauchen .... (IHRE) Hilfe."

Esiul: „Na, dann solltet .... (IHR) uns erzählen, was bei .... (EUCH) los ist."

Marco beendet seinen Bericht mit den Worten: „Nun sind wir ratlos. Können .... (SIE) uns sagen, wie wir .... (SIE), diese vielen bösen Geister, aus der Stadt vertreiben können?" Da mischt sich Ecila ein: „Ich kenne .... (EUCH) als kluge Geister. Die Lösung liegt so nahe."

Alice: „Jetzt geben .... (SIE) uns ein Rätsel auf."

Ecila: „Denkt doch mal scharf nach! Ein Tipp: Manchmal könnt .... (IHR) auch von bösen Geistern lernen. Denn .... (SIE) sind gelegentlich auch klug."

Leonie: „Natürlich! Ich hab's! O Meister, ... (SIE) meinen, dass wir auch in die Computer hineinschlüpfen müssen."

Rednaxela: „Jetzt habt .... (IHR) die Lösung gefunden."

John: „Wir danken .... (IHNEN)!"

Esiul: „Wir haben .... (EUCH) nur zugehört."

Tja, manchmal hilft es Geistern (und Menschen), wenn sie einfach einen Zuhörer finden.

9d Das Große klein, das Kleine fein

Substantivierungen; Abschlusstest

Als Nächstes fliegen die Geisterkids in die Leitzentrale der U-Bahn zurück. Dieses Mal wollen sie ihr Eindringen geheim halten. Allerdings sitzt nur ein Mitarbeiter im Raum. Das Spannendste ist jetzt, ob ihr Plan klappen würde. Sie wollen sich so klein zaubern, dass sie durch das Diskettenlaufwerk in den Computer hineinkriechen können. „O. k.", flüstert John. „Zum Schrumpfen brauchen wir den richtigen Zauberspruch." „Und der geht so", erklärt Sebastian: „Das Große wird klein, das Kleine ist fein, was fein ist, muss sein." Schwupps, sind sie so klein wie Atome und fliegen in den eingeschalteten Computer. Etwas ganz Abenteuerliches steht ihnen bevor.

Eigentlich schreibt man Verben und Adjektive klein. Du kennst aber sicher aus dem Unterricht die Regel:

Substantivierte Wörter anderer Wortarten (z. B. Verben, Adjektive) werden **großgeschrieben**.

Male das Regelfeld farbig aus.

Übung 17
Lösung S. 153

Welches der markierten Verben ist substantiviert und muss deshalb großgeschrieben werden? Kreuze die Sätze an.

- ◯ Am Computer zu **spielen** macht Spaß.
- ◯ Ich **spiele** gern am Computer.
- ◯ Das **Spielen** am Computer macht Spaß.
- ◯ Dieses **Spielen** am Computer ist lustig.
- ◯ Sein ständiges **Spielen** am Computer nervt mich.

Der letzte Satz macht deutlich, dass es nicht immer einfach ist zu erkennen, ob eine Substantivierung vorliegt. Hier ein Tipp: Stell vor das Wort einen Artikel und lass die Beifügungen weg. Beispiel: sein ständiges Spielen → das Spielen.

Übung 18
Lösung S. 153

Unterlege die substantivierten Verben und Adjektive im Eingangstext mit Leuchtstift.

Übung 19
Lösung S. 153

Substantiviere die folgenden Verben, indem du *das*, *dieses*, *beim* und *sein häufiges* voranstellst.

geistern: das Geistern, dieses Geistern, beim Geistern, sein häufiges Geistern

zaubern: ....

heulen: ....

Übung 20
Lösung S. 153

Substantiviere die folgenden Adjektive, indem du *das*, *wenig*, *etwas*, *viel*, *nichts* voranstellst.

groß: das Große, wenig Großes, etwas Großes, viel Großes, nichts Großes

abenteuerlich: ....

schön: ....

Übung 21
Lösung S. 153

Schreibe den Text in richtiger Groß- und Kleinschreibung in dein Übungsheft.

gleich nach dem eindringen in den computer werden sie vom datenstrom mitgerissen. es ist wie das reiten auf einem wilden pferd. dieses reiten müssen sie erst lernen. das ganze ist für sie etwas richtig schmerzhaftes. ein heftiges ziehen und zerren erfasst ihre körper. schwierig ist das halten der richtung. ein ständiges strömen von daten lässt sie ganz wirr werden. doch allmählich lernen sie das reisen im datennetz der u-bahn.

Der Aufenthalt im Internet wird den Geisterkids noch manche Überraschung bescheren. So passiert beispielsweise Folgendes.

Übung 22
Lösung S. 154

Schreibe den Text in richtiger Groß- und Kleinschreibung in dein Übungsheft.

SAGE NOCH EINMAL JEMAND, DAS REISEN IM COMPUTERNETZ BIETE WENIG ABWECHSLUNGSREICHES. DIE GEISTERKIDS ERLEBEN VIEL INTERESSANTES. BEISPIELSWEISE LANDEN SIE AUS VERSEHEN IM COMPUTER EINES U-BAHN-BEAMTEN IN IRGENDEINEM BAHNHOF. DER GUTE MANN TUT NUN UNWISSENTLICH ETWAS ENTSETZLICHES: ER SCHALTET DEN COMPUTER AB. MARCO BERUHIGT DIE ANDEREN: „DAS SCHLIMMSTE, WAS UNS PASSIEREN KANN, IST FOLGENDES: WIR MÜSSEN HIER EIN PAAR STUNDEN VERBRINGEN." „ABER WENN ETWAS SCHLIMMERES PASSIERT? VIELLEICHT GEHT DER BEAMTE FÜR LÄNGER WEG", ERWIDERT JOHN AUFGEREGT.

Übung 23

Lass dir den folgenden Text diktieren.

John hat tatsächlich Recht: Nach zehn Stunden warten die Geisterkids immer noch vergeblich auf das Einschalten des Geräts. Nun gibt es nur eine Rettungsmöglichkeit: Sie müssen sich durch Zaubern wieder groß machen, dann können sie entfliehen. Dieses Vorhaben setzen sie auch um. Das Zaubern hat aber leider Folgen: Der Computer wird in tausend Stücke zerrissen, als sie groß werden. Der Beamte, der neben dem Gerät eingeschlafen ist, schreit wie am Spieß, als er dies sieht. Das Zersplittern des Computers ist ja für ihn etwas ganz Unerklärliches. Die unsichtbaren Geisterkids kann er nämlich nicht wahrnehmen.

Substantivierte Verben und Adjektive finden sich oft in feststehenden **Redewendungen**. Sie sind im folgenden Text fett gedruckt.

Es passiert **im Übrigen** noch **alles Mögliche**. Aber **im Großen und Ganzen** sind die Geisterkids nun fähig, im Computernetz der U-Bahn herumzugeistern und den Höllenwolf gezielt zu jagen.

Übung 24
Keine Lösung

Bilde mit den Redewendungen oben selbst kurze Sätze.

Viele **bildliche Ausdrücke** enthalten ebenfalls Substantivierungen, z. B. *im Dunkeln tappen, den Kürzeren ziehen.*

Übung 25
Lösung S. 154

Der Höllenwolf ist ein gemeiner Kerl. Er hat wieder einmal unseren Drucker verführt. Das Ergebnis: lauter Redewendungen, die durcheinander geraten sind. Schreibe sie richtig auf.

im Dunkeln ziehen – den Kürzeren tappen

→ im Dunkeln tappen, den Kürzeren ziehen

auf dem Laufenden ziehen – den Kürzeren sein

→ ....

ins Reine lassen – im Ungewissen schreiben

→ ....

alles beim Alten suchen – das Weite lassen

→ ....

ins Lächerliche beißen – den Letzten ziehen die Hunde

→ ....

Mach einige Tage Pause, bevor wir die unvermeidlichen Ausnahmen betrachten. Das verringert die Gefahr, dass die Ausnahmen in deinem Gedächtnis ein ähnliches Durcheinander veranstalten wie der Höllenwolf im Computersystem der U-Bahn.

Befassen wir uns mit Ausdrücken, die auf den ersten Blick wie Substantivierungen aussehen, aber kleingeschrieben werden.

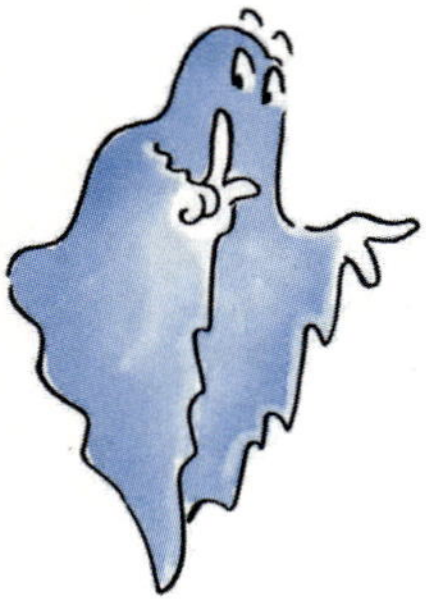

Superlative (höchste Steigerungsform) mit **am**, nach denen man mit „wie?" fragen kann, schreibt man **klein**.
Beispiele: am besten, am schönsten, am schnellsten.

Male das Regelfeld farbig aus.

Übung 26
Lösung S. 154

Bilde den Superlativ der folgenden Adjektive mit **am** und notiere dir dann Sätze. Unterlege die „**am** + Superlativ"-Ausdrücke mit Leuchtstift.

lieb: Ich esse **am liebsten** Eis.
dumm: ......
gut: ......
langweilig: ......
lustig: ......
schlecht: ......

Einige **Sonderfälle** musst du dir einzeln einprägen.

Kleinzuschreiben sind Ausdrücke wie:
- durch dick und dünn gehen, ohne weiteres, seit langem, von nah und fern, vor kurzem
- ein bisschen, ein wenig, ein paar (*im Sinne von* einige), die meisten

Male das Regelfeld farbig aus.

Übung 27
Lösung S. 154

Die Wortschlange enthält viele solcher Ausdrücke. Schreibe die Sätze richtig nieder. Markiere die schwierigen Ausdrücke mit Leuchtstift.

VORKURZEMKAMENVONNAHUNDFERNEINPAARLEUTE
ZUMHÖLLENWOLF. DIEMEISTENWOLLTENSEITLANGEM
OHNEWEITERESEINBISSCHENDURCHDICKUNDDÜNN
GEHENUNDEINWENIGZAUBERNLERNEN.

Vor dem Abschlusstest solltest du wieder eine Pause einlegen.

Übung 28
Lösung S. 154

Schreibe die Wortschlange richtig ab.

diegeisterkidsplanenihrvorhabengenau: siewollengetrennt durchdasnetzziehen, aberimmerinverbindungbleiben. amwahrscheinlichstentreibtsichderhöllenwolfanwichtigen u-bahnhöfenherum; deshalbbegebensiesichalserstesdorthin. dasreisenaufdemdatenstromgelingtihneninzwischenohne weiteres. einigezeittappensiejedochimdunkeln.

Übung 29

Schreibe den Text richtig ab.

Am dritten Tag geschieht abends endlich etwas Gutes: Leonie überrascht den Höllenwolf. Er ist mit dem Verändern der Daten eines Computers beschäftigt. Wenn sein Tun Erfolg gehabt hätte, wäre überall die Feuerlöschanlage losgegangen. Dann wären alle Fahrgäste von oben bis unten nass geworden. Unter lautem Brüllen und Schreien stürzt sich Leonie auf den Höllenwolf. Doch schnell sucht er das Weite. Er hat wohl keine Lust aufs Kämpfen. Leonie meldet ihren Freunden mit Gedankenkraft das Geschehen und bleibt ihm ohne Zögern auf der Spur.

Übung 30

Lass dir den Text – verteilt auf zwei Tage – diktieren.

Das **Umzingeln** des Höllenwolfs gelingt. Sie stellen ihn in der Computerzentrale der U-Bahn. Der Feind ist zum **Greifen** nahe. Die Geisterkids beginnen mit dem **Murmeln** von Zaubersprüchen. So wollen sie das **Böse** lähmen. Sie setzen all ihre **Fähigkeiten** ein. In den Augen des Höllenwolfs wächst das **Entsetzen**. Mit **Jaulen** und **Heulen** bemüht er sich um das **Abwehren** der Sprüche. Wird er den **Kürzeren** ziehen? Doch nein, wieder gelingt ihm das **Unglaubliche**: Durch das **Anspannen** all seiner Kräfte rettet er sich um **Mitternacht** ins Internet. Den Geisterkids steht die **Enttäuschung** ins Gesicht geschrieben. Sie haben ihr **Möglichstes** getan. „Immerhin haben **morgen** die U-Bahnen keine **Verspätung** mehr. Und **morgen Abend** haben die Menschen alles vergessen“, meint Marco.

Jagd durchs Internet

Zusammen- und Getrenntschreibung

10a Höllisches Internet

Substantive

Der Höllenwolf treibt sich jetzt im Internet herum. Für die Geisterkids wird es immer anstrengender. Denn das Internet ist riesig. Außerdem hat der Höllenwolf erkannt, dass sich mit Computertechnik heutzutageviel mehr Böses anstellen lässt als früher.

Die Geistermeister benachrichtigen alle guten Geister der Erde. Eine riesige Treibjagd beginnt, ja ein richtiger Krieg. Denn natürlich alarmiert auch der Höllenwolf all seine Höllenfreunde.

Die deutsche Sprache hat eine Besonderheit: die Möglichkeit zur Wortzusammensetzung. Du kennst Wortungetüme wie *Donaudampfschifffahrtsgesellschaftskapitänswitwe*. In kaum einer anderen Sprache ist so etwas möglich. Anderswo muss man statt *Höllenfreunde* sagen: *die Freunde aus der Hölle*. Im Deutschen sparen wir somit einiges an Schreibarbeit.

Zusammengesetzte Substantive werden **zusammengeschrieben**. Ein substantivischer Ausdruck ist dann zusammengesetzt, wenn man Wörter einsparen kann.

Male das Regelfeld farbig aus.

Übung 1
Lösung S. 155

Bilde ein zusammengesetztes Substantiv.

Schokolade mit Nüssen: Nussschokolade
Brot mit Wurst
Meister der Geister
Spruch zum Zaubern
Buch zum Trainieren der Rechtschreibung

Übung 2

Lösung S. 155

Manchmal kann man durch Zusammensetzungen sogar sehr viel einsparen. Finde die richtigen Wörter.

Rohre, in denen Wasser fließt → ....

Damm, mit dem Wasser gestaut wird → ....

Zeit, die dazwischen liegt → ....

Der erste Kriegsschauplatz ist eine Gemeinde in Süditalien. Der Höllenwolf und ein paar seiner Teufelsfreunde nisten sich in dem Computersystem ein, mit dem die Wasserversorgung geregelt wird. Ihr Hauptziel ist: Die Menschen sollen einen Höllendurst bekommen. So entstehen riesige Hassgefühle.

Übung 3

Lösung S. 155

Der böse Höllenwolf hat auch den Drucker verzaubert. Schreibe den folgenden Text richtig in dein Übungsheft.

derhöllenwolfbewirkt, dassdiewasserrohre
einesstaudammsnichtmehrzuschließensind.
riesigewassermassenfließendavon.
diestadtverwaltungholtmittankwagenwasser.
aberanderehöllengeistersorgendafür, dasses
antankstellenkeinbenzinmehrgibt.
diestadtbewohnerwerdeninderzwischenzeit
immerwütender.

Übung 4

Lass dir den folgenden Textabschnitt diktieren.

Die guten Geister der Stadt holen mit Gedankenkraft die Geisterkids zu Hilfe. Gemeinsam überlegen sie einen Abwehrplan. Zuerst rufen sie gute Wettergeister. Diese schicken riesige Regenwolken genau über den Stausee. Zugleich verstopfen Felsgeister die Abflussrohre. Dann jagen die Geisterkids die Teufelsgeister in der Computerzentrale. Mit Riesenkräften kämpfen sie gegen die feindliche Höllenbande und siegen. Die Menschen ahnen natürlich nichts von der Geisterhilfe. Sie halten das Ganze für ein Wunder. Der Bürgermeister der Stadt tut freilich so, als habe er die Probleme gelöst …

10b Alle müssen sitzen bleiben

Verben

Als Nächstes schlägt der Höllenwolf in Westaustralien zu.

Das Schuljahr geht zu Ende. Am letzten Tag sollen die Zeugnisse ausgegeben werden. Die Papiere sind schon ausgedruckt und in den Schultresoren eingeschlossen. Nachts schleichen der Höllenwolf und seine Freunde in die Schulcomputer und verändern alle Noten. Plötzlich hört man die Drucker losgehen. Stapelweise sieht man, wie neue Zeugnisse herauskommen.
Der nächste Schritt ist, die alten und die neuen Zeugnisse auszutauschen. Als Höllengeistern fällt es ihnen nicht schwer, die Tresore aufzuschließen. Du überlegst jetzt sicher, worauf sie es anlegen. Du wirst es gleich erfahren.

Verben (Zeitwörter) haben oft Vorsilben, z. B. **aus**geben, **an**geben, sich **be**geben, **weg**geben. Manche Vorsilben muss man unter Umständen abtrennen (z. B. *er gibt aus, er gibt an*), bei manchen geht das nie (z. B. *er begibt sich*). Grundsätzlich aber gilt:

Verben, die aus einer **Vorsilbe** und einem **Stammwort** bestehen, schreibt man **zusammen**.

Übung 5
Lösung S. 155

Ein Verb, mit dem man besonders viele Zusammensetzungen bilden kann, ist ***laufen***. Bilde die Zusammensetzungen mit den Vorsilben und notiere sie in dein Übungsheft.

ab-, an-, auf-, aus-, davon-, durch-, ent-, entgegen-, entlang-, herab-, heraus-, hin-, hinzu-, ver-, voraus-, vor-, weg-, zurück-

Ein Tipp, worauf du besonders achten musst: Manche Vorsilben gibt es als eigenständige Wörter (z. B. **aus**, **an**, **weg**). Verben mit diesen Vorsilben werden oft fälschlicherweise auseinander geschrieben (z. B. *weg gehen* statt *weggehen*). Also Vorsicht!

Übung 6

Lass dir den Text über die Aktion des Höllenwolfs diktieren.

Wenden wir uns jetzt den Fällen zu, in denen Wortgruppen mit einem **Verb** immer **getrennt geschrieben** werden.

Übung 7
Lösung S. 155

Zu welcher Wortart gehören die fett gedruckten Wörter?

1. **sitzen** bleiben, **spazieren** gehen, **kennen** lernen

   → ....

2. **verloren** gehen, **gefangen** nehmen

   → ....

3. **Auto** fahren, **Kopf** stehen, **Diät** halten

   → ....

Jetzt ist dir die Regel sicher klar. Male das Regelfeld farbig aus.

Folgende Wortgruppen schreibt man **getrennt**: Verb + Verb, Partizip + Verb, Substantiv + Verb

Übung 8
Lösung S. 155

Eine Wortbastelmaschine! Wie viele sinnvolle Ausdrücke kann man bilden, wenn man aus dem linken und dem rechten Feld je ein Verb entnimmt?

kennen einkaufen fahren gefangen laufen hängen kleben stehen spazieren verloren	bleiben lassen gehen lernen nehmen

Übung 9
Lösung S. 155

Und noch eine Wortbastelmaschine! Dieses Mal stehen links Substantive, rechts Verben.

Substantive	Verben
Auto Eis Feuer Maschine Halt Klavier Kopf Pleite Rad Schlange Ski	fahren fangen gehen laufen machen schreiben stehen spielen

Jetzt bleiben noch zwei einfache Fälle übrig. Lies die folgende Regel und male das Feld farbig aus.

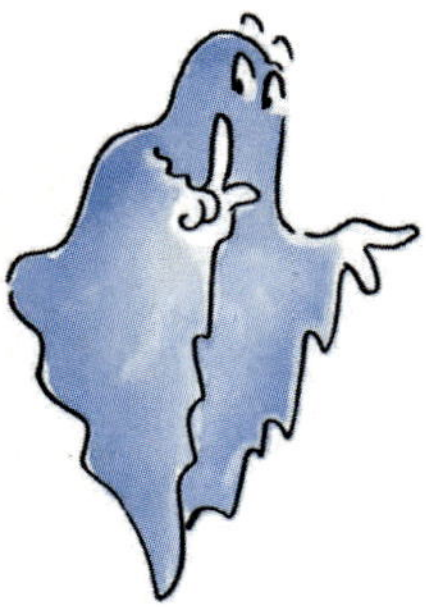

Folgende Wortgruppen schreibt man immer **getrennt**:
- Verbindungen mit dem Verb **sein** *(da sein, weg sein)*
- Verbindungen aus einem Wort auf -**ig**, -**isch** oder -**lich** und einem Verb *(übrig bleiben, logisch denken, deutlich machen)*

Die erste Gruppe ist so klar, dass du nicht üben musst. Für die zweite Gruppe sollst du weitere Beispiele kennen lernen.

Übung 10

Bilde mit folgenden Wortgruppen kleine Sätze. Benutze dabei die Zukunftsform, damit die Gruppe zusammenbleibt.
Beispiel: Ich werde alles auswendig lernen.

auswendig lernen, deutlich machen, fertig bekommen, fertig machen, fertig stellen, übrig bleiben, übrig lassen

Übung 11
Lösung S. 156

Die Wortgruppen werden auch getrennt geschrieben, wenn sie in der Vergangenheit stehen. Bilde die 2. Vergangenheit.

ich bleibe übrig → ich bin übrig geblieben

ich lerne auswendig → ....

ich mache fertig → ....

ich lasse übrig → ....

ich war da → ....

ich war weg → ....

Übung 12
Lösung S. 156

Unterlege im folgenden Text mit einem Leuchtstift alle Wortgruppen mit einem Verb, also: Verb + Verb, Substantiv + Verb, irgendein Wort + **sein**, Wort auf -**ig**, -**lich** oder -**isch** + Verb.

Die letzte Schulstunde beginnt. Manche fragen sich: „Werde ich sitzen bleiben? Wird mir nichts anderes übrig bleiben, als das Jahr zu wiederholen?" Andere lassen sich von dem bevorstehenden Zeugnis nicht fertig machen. Sie malen sich die Freuden der Ferien aus. Sie würden Rad fahren oder spazieren gehen und schön faul sein. Vielleicht können sie auch neue Freunde kennen lernen.

Als der Lehrer da ist, werden die Zeugnisse verteilt. Plötzlich ist es still. Man sieht, dass alle Schüler ganz bleich sind. In ihren Zeugnissen stehen nur Fünfer und Sechser. Sie sind alle sitzen geblieben!

Eltern und Schüler toben: Wollen die Lehrer alle Kinder fertig machen? Sie stürmen die Schulen und wollen die Lehrer gefangen nehmen. Vor Zorn können sie nicht mehr logisch denken. Die Lehrer können es nicht fertig bringen, die Menschen zu beruhigen. Diese beginnen nicht nur lästig zu fallen, sondern sogar bedrohlich zu werden.

Übung 13

Wenn du noch ein wenig üben willst, kannst du dir den Text diktieren lassen. Verteile ihn auf zwei Tage.

Betrachten wir noch einen Sonderfall. Du hast gelernt: Verbindungen aus Substantiv und Verb werden getrennt geschrieben. Doch gilt das nicht immer. Sieh dir mal die folgenden Ausdrücke genauer an:

angsterfüllt, sonnenbaden – Hilfe suchend, Fleisch fressend

Was ist der Unterschied zwischen den Beispielen?

- Bei *angsterfüllt* oder *sonnenbaden* liegt wieder eine „**Sparschreibweise**" vor. Ausführlich würden die Ausdrücke heißen: *von Angst erfüllt, in der Sonne baden.* Wie schon bei den zusammengesetzten Substantiven gilt: Sobald man etwas einspart, schreibt man den Ausdruck **zusammen**.
- Bei *Hilfe suchend* oder *Fleisch fressend* gibt es keine Einsparung: *Er hat Hilfe gesucht. Er ist ein Hilfe suchender Mann.*

Lies die folgende Regel und male das Feld farbig aus.

Spart man bei einer Verbindung aus **Substantiv und Verb** Wörter ein, schreibt man diese Verbindung **zusammen**.

Übung 14
Lösung S. 156

Finde die „Sparschreibweise" zu folgenden Wortgruppen:

von Hass erfüllt → ....

das Herz zerreißend → ....

vor Wut entbrannt → ....

zum Schutz impfen → ....

aus Not landen → ....

mit Brüchen rechnen → ....

mit dem Kopf rechnen → ....

Übung 15

Die folgenden getrennt geschriebenen Verbindungen werden häufiger gebraucht. Bilde Sätze, die so beginnen: *Das ist …*
Beispiel: Das ist ein Aufsehen erregendes Ereignis.

Aufsehen erregend, Furcht einflößend,
Hilfe suchend, Not leidend

Übung 16
Lösung S. 156

Jetzt kannst du zeigen, was du gelernt hast. In dem Text sollst du an den Leerstellen den in Klammern stehenden Ausdruck richtig hinschreiben. Beispiele: Fleisch + fressend = Fleisch fressend; Kopf + rechnen = kopfrechnen

Die Geisterkids erfahren von den .... **(Aufsehen + erregenden)** Ereignissen schnell. Die .... **(Angst + erfüllten)** Lehrer verschanzen sich in den Schulen. Ganz Westaustralien ist .... **(Hass + erfüllt)**. „Ich sah nie Lehrer so .... **(Herz + zerreißend)** weinen“, meint Alice. „Die Eltern sehen aus wie .... **(Feuer + speiende)** Drachen.“ Sebastian sagt .... **(Kopf + schüttelnd)**: „Was tun wir jetzt?

Die Geisterkids überlegen: Wie können sie die .... **(Not + leidenden)** Lehrer retten? Leonie findet die Lösung. Mit Gedankenkraft bringen sie den Schulminister dazu, im Fernsehen zu sprechen: „Glauben Sie mir, dass mir das alles .... **(Leid + tut)**. Die Computer sind schuld. Die Lösung ist: Dieses Jahr wird kein Kind .... **(sitzen + bleiben)**.“ Da sieht man überall nur mehr .... **(Freude + strahlende)** Gesichter. Lehrer und Kinder können so vergnügt wie noch nie .... **(Rad + fahren)** oder .... **(Sonne + baden)**.

10c Auf einmal geht alles schief

Typische Fehler; Abschlusstest

Wieder einmal hat der Höllenwolf eine Schlacht verloren. Doch das kratzt ihn **nicht einmal**. Er will **immer noch** weitermachen. **Immer wieder** schlägt er zu. **Wie viele** Kämpfe werden sich der Höllenwolf und die Geisterkids noch liefern? **So oft** sind sie schon **aneinander geraten**. Doch scheinbar ist ihm das noch **viel zu wenig**. **Wie oft** müssen die Geisterkids sich noch mit ihm **auseinander setzen**? Wann werden sie richtig **vorwärts kommen**? Wann wird es mit dem Höllenwolf gehörig **abwärts gehen**? **So viele** Fragen gehen ihnen durch den Kopf. Manchmal wollen sie **nur mehr zu Hause** sein und **vor allem** schlafen. Aber **so schnell** wird das nicht gehen. **Erst einmal** müssen sie nach Japan düsen. Dort geht es **auf einmal** nämlich **gar nicht** lustig zu.

Einige zusammengesetzte Wörter bzw. getrennt geschriebene Wortgruppen werden oft falsch geschrieben. Es handelt sich um Wendungen, die auch du gebrauchst, für die es aber nur selten Regeln gibt. Du musst sie dir einprägen.

Betrachten wir zunächst die **getrennt geschriebenen** Wortgruppen.

Übung 17
Lösung S. 157

Sortiere die im Text fett gedruckten Wörter in die Tabelle ein.

Wortgruppen mit **so**, **wie**, **zu** am Anfang	
Wortgruppen mit **-einander** und **-wärts** am Anfang	
sonstige getrennt geschriebene Wortgruppen	

Male die ganze Tabelle farbig aus. Merke dir diese getrennt geschriebenen Wortgruppen gut.

Übung 18 Bilde mit den Ausdrücken selbst kleine Sätze und lass sie dir am nächsten Tag diktieren. Um dir die Ausdrücke einzuprägen, solltest du sie in deinen Sätzen mit Leuchtstift hervorheben.

Übung 19 Lass dir den folgenden Text diktieren.

Es ist schrecklich, **wie sehr** in Japan **auf einmal** alles **durcheinander läuft**. Alles scheint **abwärts zu gehen**. Es klappt **nichts mehr**. In den Läden streiken die Kassen. **Wie oft** die Verkäuferinnen es auch versuchen, die Kassen bleiben zu. Flugzeuge können **nicht mehr** starten. Auf den Straßen kann man mit dem Auto **gar nicht vorwärts kommen**. Es ist unglaublich, **wie viele** Autos liegen bleiben. Denn es gibt **viel zu wenig** Benzin. Die Menschen können **nur mehr zu Hause** bleiben, falls sie **nach Hause** kommen. „**So schnell** kann doch **nicht einmal** der Höllenwolf von Computer zu Computer hüpfen!“, schimpft **vor allem** der sonst **so ruhige** Marco. „Das braucht er auch **gar nicht**“, stellt Sebastian zerknirscht fest. Er hat die Ursache herausgefunden. Hoffentlich ist es **noch nicht zu spät**!

Bevor du weitermachst, lege eine Trainingspause von einigen Tagen ein. So können sich die Wortgruppen, die du eben gelernt hast, in deinem Gedächtnis setzen und du bringst sie nicht so leicht mit den folgenden zusammengeschriebenen Wörtern durcheinander.

Wenn man etwas hervorheben will, setzt man oft ein Betonungswort davor: ***super**schlau*, ***super**klug*, ***riesen**groß*, ***felsen**fest*, ***tod**müde* usw. Für diese Ausdrücke gilt:

> Adjektive (Eigenschaftswörter) und Adverbien (Umstandswörter) mit einem Steigerungswort am Anfang schreibt man **zusammen**.

Male das Regelfeld farbig aus.

Übung 20
Lösung S. 157

Wieder hat der Höllenwolf zugeschlagen. Diesmal hat er den Drucker dazu gebracht, Wörter zu vermischen. Kombiniere die Wortbestandteile richtig.

brandkrank – todneu
grundschnell – superverschieden
bitterwarm – lauböse
urschick – todgemütlich
obergelb – knallschlau
supermöglich – schnellstgefährlich

Übung 21
Lösung S. 157

Wichtige zusammengeschriebene Wörter findest du auch im folgenden Text. Sortiere die fett gedruckten Wörter in die Tabelle auf der nächsten Seite oben ein.

Wieso ist der Höllenwolf **überall**? **Diesmal** hat er **tatsächlich nochmals** einen schrecklichen Plan entwickelt. **Manchmal** muss man ihn **beinahe** bewundern. Er hat sich mit **irgend-welchen** Computerhackern verbündet. Diese **ebenso** klugen wie bösen Leute erstellen kleine Computerprogramme, so genannte Viren. **Dieselben** richten in anderen Computern einen riesengroßen Schaden an. Die Hacker schicken die Viren über das Internet in alle japanischen Computer. In Japan hängen fast alle Computer am Internet. **Jedermann** wird **des-halb irgendwie** Opfer. Die Menschen können die vielen Viren **niemals gleichzeitig** zerstören. Wenn **irgendjemand** einen Virus vernichtet hat, kommt **genauso** schnell ein neuer. **Das-selbe** passiert nun schon **tagelang**. In Japan kann **jederzeit** alles zusammenbrechen.

„Wir sind machtlos“, schimpft Leonie. Alice erwidert: „Wenn uns **allerdings** nicht **sofort irgendetwas** einfällt, gibt es **irgendwann** eine Katastrophe.“ Sebastian fällt etwas ein: „Wir alarmieren alle guten Geister dieser Welt. Hört zu …“

Wortzusammensetzungen mit **irgend-**	
Wortzusammensetzungen mit **-selben**	
sonstige Wortzusammensetzungen	

Male die Tabelle farbig aus.

Übung 22
Lösung S. 157

Kombiniere die folgenden Wörter mit dem Wort **irgend-** und bilde danach selbst kleine Sätze. Achte darauf, dass diese Verbindungen mit **irgend-** immer zusammengeschrieben werden.

wie   wo
wann
wer   **irgend-**   was
welche
etwas   jemand

Übung 23
Lösung S. 157

Dieser vermaledeite Höllenwolf! Schon wieder sind Wortgruppen durcheinander geraten. Schreibe die Gruppen richtig auf.

derselbe Hexe, dieselbe Zaubersprüchen, dasselbe Höllenwolfs, desselben Geist, denselben Geisterhaus

Gleich hast du es geschafft. Du solltest nur noch ein wenig mit den Wörtern der letzten Zeile der Tabelle auf S. 103 arbeiten. Hier sind sie nochmals übersichtlich aufgelistet:

wieso, überall, diesmal, tatsächlich, nochmals, manchmal, beinahe, ebenso, jedermann, deshalb, niemals, gleichzeitig, genauso, tagelang, jederzeit, allerdings, sofort

Übung 24
Lösung S. 158

Sortiere die Wörter in die folgende Tabelle. So prägst du sie dir leichter ein.

Wörter, die **so** enthalten	
Wörter, die **mal**, **mals** enthalten	
Wörter, die **jeder** enthalten	
Wörter, die **all** enthalten	
sonstige Wörter	

Jetzt hast du wirklich viel gearbeitet und sicher viel gelernt.
Viel Erfolg beim Abschlusstest!

Übung 25
Lösung S. 158

Löse den Schlangentext auf und schreibe ihn in dein Übungsheft.

jetztistderzeitpunktgekommen, andemdiegeisterkidsnichtmehr alleinekämpfenkönnen. einegeheimbotschafterreichtdieguten geisterinderganzenwelt: „allemüssenunsschnellstmöglich helfen.“ vonüberallkommensiezumtreffpunkt, einerinselvor japan. sie habenallesliegenundstehenlassen. irgendwie klapptdiegeheimhaltungtatsächlich. dembitterbösenhöllenwolf wirdnichtsverraten.
ersolldeneinfallsreichtumdergeisterkidskennenlernen. nachdemsiedenanderengutengeisternihrensuperklugenplan erklärthaben, beginntderkampf. ersollindiegeschichtsbücherder geisterwelteingehen.

Übung 26

Lass dir den Text diktieren.

Erst einmal besetzen die Geister die Hauptcomputer des Internets. Nicht einmal einen Computervirus lassen sie mehr durch. Mit Zaubersprüchen verwandeln sie ihn in ein harmloses Zeichenprogramm. Dann durchkämmen andere gute Geister das ganze Computernetz. Wenn ein Virus da ist, machen sie dasselbe: Er wird entschärft. Der Höllenwolf merkt zwar allmählich, was los ist, aber die Zahl der Gegner ist so groß, dass er einfach fertig gemacht wird. Auf einmal laufen alle Computer wieder normal. Überall sieht man freudestrahlende Menschen.

Hasserfüllt und Feuer spuckend rast der Höllenwolf nach Hause in die Hölle. Dort beruft er wutentbrannt den großen Rat der bösesten Geister der Hölle ein. Arme Geisterkids!

Endkampf in der Hölle

Worttrennung

Wir befinden uns im Mittelpunkt der **Hölle**. Es stinkt furchtbar nach **Schwefel**. **Jedem Menschen würde** dabei schlecht. Die Höllenwesen jedoch **lieben diesen** Duft.

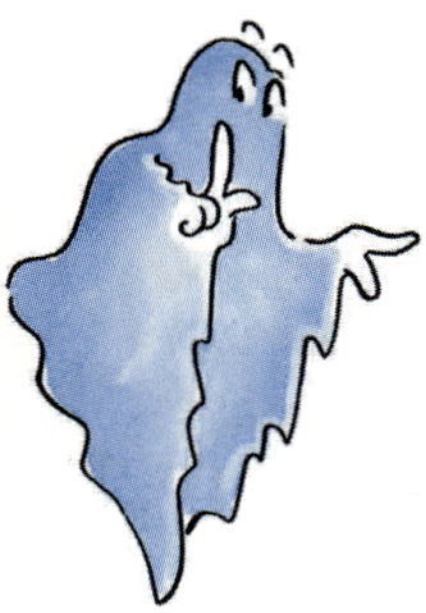

Jetzt musst du umdenken. Bisher orientierten wir uns bei den Regeln sehr oft an den **Wortbausteinen** (Vorsilbe, Wortstamm, Nachsilbe, Endung). Bei der Trennung ist etwas anderes maßgebend: die **Sprechsilbe**.

Grundsätzlich trennt man Wörter nach ihren **Sprechsilben**.

Male das Regelfeld farbig aus.

Um die Sprechsilben zu finden, sprichst du ein Wort am besten langsam und bewusst aus.

Übung 1
Lösung S. 159

Trenne in dem Eingangstext über die Hölle alle fett gedruckten Wörter, indem du einen Strich nach jeder Sprechsilbe ziehst.
Beispiel: Höl|le

Vielleicht bereitet dir das Trennen Probleme, wenn zwischen zwei Vokalen (Selbstlauten) ein oder mehrere Konsonanten (Mitlaute) stehen. Wohin gehören sie?

Übung 2
Lösung S. 159

Kreuze an, welche Trennung richtig ist.

Auge:	◯ Au - ge	◯ Aug - e
neidisch:	◯ nei - disch	◯ neid - isch
glühen:	◯ glü - hen	◯ glüh - en

Übung 3
Lösung S. 159

Schau dir die richtigen Lösungen zu Übung 2 an. Wohin kommt bei diesen Wörtern der Konsonant, der zwischen den Vokalen steht, bei einer Trennung?

◯ Er bleibt bei der vorherigen Silbe.
◯ Er kommt auf die nächste Zeile.

Übung 4
Lösung S. 159

Kreuze die richtige Trennung an. Wenn du unsicher bist, sieh im Wörterbuch nach.

müssen:	◯ mü - ssen	◯ müs - sen
Eltern:	◯ Elt - ern	◯ El - tern
Ludwig:	◯ Lu - dwig	◯ Lud - wig
Kupfer:	◯ Ku - pfer	◯ Kup - fer
kämpfen:	◯ käm - pfen	◯ kämp - fen
empfehlen:	◯ em - pfeh - len	◯ emp - feh - len

Übung 5
Lösung S. 159

Wenn mehrere Konsonanten zwischen zwei Vokalen stehen, wie viele Konsonanten kommen dann auf die neue Zeile?

Lies die Regelsätze durch und male das Feld farbig aus.

- Wenn in einfachen Wörtern zwischen den Vokalen ein Konsonant steht, kommt der Konsonant bei der Trennung auf die neue Zeile.
- Wenn mehrere Konsonanten zwischen den Vokalen stehen, kommt nur der letzte Konsonant auf die neue Zeile.

Übung 6
Lösung S. 159

Wende dein Wissen an, indem du im folgenden Text wie bei Übung 1 zwischen alle Sprechsilben einen Strich ziehst.

Der große Rat der bösen Teufel sitzt beisammen. Nur der Hauptteufel fehlt. An seiner Stelle ist seine kahlköpfige, verschrumpelte Großmutter gekommen. Die ist übrigens genauso entsetzlich wie er. Alle schimpfen zornig.

Bevor du erfährst, was diese Teufelsbrut ausheckt, werfen wir noch einen Blick auf zwei Sonderfälle.

Auch ein einzelner Vokal am Wortanfang darf abgetrennt werden. Beispiele: A - bend, a - ber, o - der, ü - bel

Male das Regelfeld aus.

Übung 7
Lösung S. 159

Setze zwischen die Silben der Wörter Striche.

Ofen, Eber, Abenteuer, abends, oberhalb, über

Übung 8
Lösung S. 159

Nun zum zweiten Sonderfall! Kreuze die richtige Trennung an. Schlage notfalls im Wörterbuch nach.

lachen:	◯ lach - en	◯ lac - hen	◯ la - chen
blicken:	◯ blick - en	◯ blic - ken	◯ bli - cken
waschen:	◯ wasch - en	◯ was - chen	◯ wa - schen
er zuckte:	◯ zuckt - e	◯ zuc - kte	◯ zuck - te

Übung 9
Lösung S. 159

Ergänze die Regel und male das Feld farbig aus.

Folgende Verbindungen von Konsonanten dürfen nie getrennt werden: ……………, …………… und …………….

Übung 10
Lösung S. 159

Setze zwischen die Silben der folgenden Wörter Striche.

kichern, die Deutschen, zwicken, er spuckte

Übung 11
Lösung S. 159

Ziehe bei den Wörtern in den Sprechblasen zwischen den Silben Striche.

Die lächerlichen Geisterkids bedrohen uns.
Pfui Teufel! Die helfen den Menschen.
Wir müssen die lästigen Kinder vernichten.
Macht aus ihnen übel riechende Zuckerwatte zum Aufschlecken!
Schickt sie zum Höllenmetzger! Ich will frisches Geisterfleisch!
Ich werde wahnsinnig.

Es dauert einige Zeit, bis der Höllenwolf Ordnung in die Bande bringt. Aus seinen Überlegungen wird allmählich ein Plan, der für die Geisterkids wirklich eine gewaltige Bedrohung darstellt.

Manchmal bereitet die Abtrennung von Nachsilben Schwierigkeiten.

Übung 12
Lösung S. 160

Trenne nach Sprechsilben und kreuze die richtige Antwort an. Schlage notfalls im Wörterbuch nach.

Umleitung:	◯ Um - leit - ung	◯ Um - lei - tung
Freundin:	◯ Freund - in	◯ Freun - din
kindisch:	◯ kind - isch	◯ kin - disch
höllisch:	◯ höll - isch	◯ höl - lisch

Du hast hoffentlich die richtige Lösung erkannt. Bei dem Versuch, diese Wörter nach Sprechsilben zu zerlegen, betrachten leider viele fälschlicherweise die Nachsilbe als Sprechsilbe. Wenn du aber das Wort ohne viel zu überlegen aussprichst, erkennst du, dass der letzte Konsonant sozusagen von der Nachsilbe in die nächste Zeile mitgezogen wird. Merke dir also die folgende Regel und male das Regelfeld farbig aus.

> Nachsilben, die mit einem Vokal beginnen, ziehen bei der Trennung einen vorher stehenden Konsonanten mit auf die nächste Zeile.

Übung 13
Lösung S. 160

Füge bei den Wörtern an den Stellen einen Strich ein, an denen man eine Trennung durchführen kann.

Verfolgung, Planung, Beratung,
Beschlussfassung
Feindin, Feindinnen, Höllenwölfin, Wölfinnen
ekelig, garstig, wahnsinnig
stinkend, rasend, heulend
gehen, bemühen, jaulen, krachen

Jetzt bist du sicher gespannt, wie die Geschichte weitergeht.

Übung 14

Lösung S. 160

Trenne die Wörter am Ende der Zeile.
Beispiele: neuen → neu - en; urplötzlich → ur - plötz - lich

Seit Tagen warten die Geisterkids auf einen **neuen** ....

Einsatz. Sie wundern sich, denn **urplötzlich** ....

ist es in der Welt friedlich geworden. **Nirgends** ....

begegnen sich die Menschen **hasserfüllt**. ....

Zugleich genießen sie die Ruhe, denn die **Kämpfe** ....

haben zu großer **Erschöpfung** ....

geführt.

Urplötzlich tauchen von überall her **schwarze** ....

Wolken auf. Die Erde bebt. Riesige **Scharen** ....

böser Geister umzingeln das **Inselchen**, ...

auf dem die Geisterkids **Erholung** ....

gesucht haben. Der Ring zieht sich immer **enger**. ....

Sie wollen die **Geistermeister** ....

zu Hilfe rufen, doch vergeblich! Das **Böse** ....

lässt ihre Kräfte erlahmen. **Bannsprüche** ....

fesseln sie. Die bösen Geister **bringen** ....

die armen Geisterkids **jubelnd** ....

in die Hölle.

Bravo! Du hast viel gearbeitet und viel gelernt. Genieße es nun, den Schluss der Geschichte einfach so lesen zu können.

Umzingelt von Feinden und gefesselt von Bannsprüchen, liegen die Geisterkids zu Füßen der kahlköpfigen Großmutter des Teufels. Doch das Gute ist stärker als das Böse. Tief im Inneren der Geisterkids regt sich die Kraft. Langsam kommt es ihnen wieder in den Sinn: „Glaube an deine Kraft! Du hast über Jahre gelernt, was du tun musst. Du bist klug. Du bist stark. Du bestehst jede Prüfung."

Weil das Böse nicht nur böse, sondern oft auch dumm ist, merken der Höllenwolf und seine Genossen nicht, was in ihren Gefangenen vorgeht. Sie feiern, fressen, saufen, brüllen herum, während die Geisterkids immer wacher werden. Klug, wie sie sind, lassen sie sich aber nichts anmerken. Erst als sie ganz bei Kräften sind, fassen sie einander an den Händen und bilden so den starken Ring des Guten. Denn wenn das Gute vereint ist, ist es unüberwindbar. Sie konzentrieren sich in dem Gebrüll ganz aufeinander und auf die Kraft von allem Guten dieser Welt. Ihre Energie wird immer stärker. Jetzt bemerken die ersten Teufelsgeister, was da vorgeht. Der Höllenwolf jault auf und will den Kreis zerreißen. So sehr er aber auch zerrt, es gelingt ihm nicht. Da springt er in den Kreis hinein, in dem Glauben, dadurch etwas bewirken zu können. Zu spät merkt er, dass er damit einen nicht wieder gutzumachenden Fehler begangen hat.

Die Geisterkids wachsen und wachsen. Der Höllenwolf wird zwischen ihnen eingequetscht und kann nicht mehr entkommen. Die Energie des Guten wird immer größer. Kreischend läuft des Teufels Großmutter von dannen, die anderen Höllengeister ihr nach. Der Ring der guten Geisterkids ist jetzt so stark, dass sie wie die Lava bei einem Vulkanausbruch in die Höhe schießen – hinaus aus der Hölle. In Sekundenbruchteilen sind sie zurück auf der Welt. Während sie jedoch sanft auf dem Boden zu Füßen der großen Geisterschule landen, von der aus sie zu ihrer Abenteuerfahrt gestartet sind, übertragen sie die ganze Beschleunigungsenergie auf den Höllenwolf. So lösen sie tatsächlich ihre Aufgabe: Denn der Höllenwolf schießt ab jetzt mit mehrfacher Lichtgeschwindigkeit durch das Weltall. Nie mehr wird er auf Erden Hass verbreiten können.

Und so sind die Geisterkids selbst zu Geistermeistern geworden.

„Rechtschreibung ist unwichtig, aber man sollte sie beherrschen“ – ein kluger Satz eines klugen Deutschlehrers

Für einen Piloten, der im Cockpit sowieso fast nur Englisch spricht, ist die deutsche Rechtschreibung zwar nicht so schrecklich wichtig – aber glaubst du, man würde ihn einstellen, wenn seine Bewerbung voller Rechtschreibfehler wäre?

Also: Rechtschreibung muss (leider) sein. Um dir das Lernen ein wenig zu erleichtern, geben wir dir auf den folgenden Seiten ein paar Tipps, die schon vielen geplagten Schülerinnen und Schülern geholfen haben.

Denn nur richtiges Üben führt zum Erfolg!

Die folgenden beliebten „Tipps“ sind leider **völlig sinnlos:**

- „Jeden Tag ein paar Zeilen abschreiben!“
  Deswegen weiß man ja immer noch nicht, warum man ein Wort so und nicht anders schreibt. Außerdem schalten die meisten beim bloßen Abschreiben ohnehin ab und denken an etwas anderes.
- „Jeden Tag einige Sätze diktieren lassen!“
  Diktate sind Tests, keine Übungen: Man muss nämlich schon wissen, wie man ein Wort schreibt, lernt es aber nicht dabei.
- „Viel lesen!“
  Dass Lesen direkt etwas für die Rechtschreibung bringt, konnte wissenschaftlich nicht nachgewiesen werden. Nur indirekt hilft es ein wenig: Denn Kinder, die viel lesen, haben meist einen größeren Wortschatz. So können sie beim Aufsatz auf andere Wörter ausweichen, wenn sie unsicher sind, und zudem die Rechtschreibfehler durch andere sprachliche Leistungen ausgleichen.

Wie es besser funktioniert, erfährst du auf den folgenden Seiten: Dort stehen zehn Ratschläge von guten Geistern …

1. Hast du ein System, ist alles kein Problem!

Man kann sich nicht die Schreibweise von hunderttausend Wörtern der deutschen Sprache einzeln einprägen. Da würde man durchdrehen.

Deshalb gibt es **Regeln als Hilfsmittel.** Sie sind wie die Säbel, mit denen man sich einen Weg durch den Urwald der Wörter bahnen kann.

Du merkst dir die Regeln so lange, bis du einen Rechtschreibbereich erfolgreich durchgearbeitet hast. Dann wirfst du den Säbel weg – und vergisst die Regel.

Letztlich steckt hinter der deutschen Rechtschreibung recht viel System – übrigens weitaus mehr als z. B. im Englischen. Die Grundzüge sind im ersten Kapitel (S. 8ff.) beschrieben.

Anders ausgedrückt: Die Rechtschreibung hat wie ein anspruchsvolles Spiel **Spielregeln, die man lernen kann.** Bei vielen anspruchsvollen Spielen (z. B. am Computer) braucht man ja auch einige Zeit, bis man sich durch das Regelwerk gearbeitet und es begriffen hat. Beim Rechtschreiben schaffst du das bestimmt auch.

Allerdings: Regeln allein genügen nicht – sie müssen in Fleisch und Blut übergehen. Dazu gleich der nächste Lerntipp.

2. Üben, üben, üben, regelmäßig, nicht in Schüben, viele kleine Por-ti-o-nen, denn das wird sich lohnen.

Genau wie beim Sport oder beim Musizieren muss man auch beim Rechtschreiben **trainieren, trainieren, trainieren.**

Du lernst erfolgreicher und mit mehr Spaß, wenn du **in kleinen Portionen** übst: lieber jeden Tag 10 bis 20 Minuten als einmal in der Woche stundenlang. Wer das Rechtschreiben zu lange am Stück übt, verliert nicht nur die Lust, sondern überfordert auch sein Gedächtnis.

3. Gleich und gleich macht dich nicht reich!

Gedächtnisforscher haben schon vor Jahrzehnten herausgefunden: Unser Gedächtnis mag es nicht, wenn man ihm zwei ähnliche Dinge gleichzeitig zumutet. Bei der Rechtschreibung hat man aber ständig mit so etwas zu tun: Schreibt man *malen* oder *mahlen*, *wahren* oder *waren*?

Ähnliche Dinge behindern sich also gegenseitig und führen erst recht zu **Verwechslungen:** Man nennt dies **„Ähnlichkeitshemmung“.** Daher sollte man sich erst eine Zeit lang nur mit der einen Sache und dann – nach einer **Pause** – mit der anderen Sache beschäftigen. Dann hat das Gedächtnis Zeit, jede Sache für sich abzuspeichern.

Ein Beispiel:
Du möchtest Wörter mit **eu** und **äu** unterscheiden lernen.

1. Du behandelst zuerst nur Wörter mit **eu**.
2. Dann machst du eine mehrtägige **Pause**, in der du durchaus auch Rechtschreiben üben kannst, nur eben ein anderes Kapitel.
3. Anschließend trainierst du die Wörter mit **äu** und machst wieder eine **„Verdauungspause“** für dein Gehirn.
4. Erst im letzten Schritt testest du dich, indem du Übungen bearbeitest, in denen man zwischen **eu** und **äu** unterscheiden muss.

4. Gedächtnisstützen, die viel nützen und vor bösen Fehlern schützen

Rechtschreibung, nicht Rechtredung!

Rechtschreibübungen muss man schriftlich machen. Erst beim Schreiben prägt sich das Wortbild ein. Die richtige Schreibweise geht sozusagen ins Handgelenk über.

Sollte dir aber das Schreiben mit der Hand furchtbar zuwider sein, kannst du viele Übungen auch mit dem **Computer** durchführen. Schüler mit Rechtschreibproblemen üben auf diesem Wege oft viel lieber. Allerdings: Wenn du nach einem Computertraining merkst, dass du mit der Hand mehr Fehler machst, musst du auch wieder handschriftlich üben.

Statt auf Papier kannst du übrigens auch mit der Hand ein Wort mehrmals **in die Luft schreiben,** und zwar mit großen Bewegungen.

Eselsbrücken – für gescheite Leute!

Für einzelne Wörter sind Eselsbrücken ideal, z. B.: „Wer *nämlich* mit **h** schreibt, ist *dämlich*." Du kannst aber auch selbst welche erfinden; ein Schülerbeispiel: „Brücke schreibt man mit **ck**, weil sie stark sein muss." Die Eselsbrücke darf so verrückt sein, wie du willst, Hauptsache, du kannst sie dir gut merken.

Im Dutzend billiger

Verknüpfe zusammengehörende Wörter, z. B.

- in Wortfamilien: Fliege, Flieger, fliegen, wegfliegen …
- in Reimreihen: fliegen, biegen, liegen, siegen …
- in Unsinnssätzen: Der Flieger biegt die Liege und siegt.

5. Sei nicht blind
wie ein Kind,
übe gezielt,
nicht verspielt!

Stell dir vor: Du gehst zum Arzt und der würde zu dir ohne Untersuchung einfach sagen: „Nimm aus dem Schrank da der Reihe nach alle Tabletten, irgendwas wird schon helfen.“ „Blödsinn“, würdest du antworten. Aber so verhalten sich viele, die beim Rechtschreiben einfach drauflos üben, anstatt zuvor festzustellen, wo ihre Probleme überhaupt liegen.

Der erste Schritt sollte also – wie bei einem guten Arzt – eine genaue Untersuchung und **Diagnose** sein. Eine **Checkliste** dafür findest du gegenüber. Gehe nun deine Aufsätze, Diktate usw. durch und mache für jeden Fehler einen Strich in der entsprechenden Zeile der Checkliste.

Ein paar Beispiele:

- *renen* statt *rennen* → Strich in der Zeile „Konsonantenverdoppelung / Schärfung“
- *esen* statt *essen* → „s-Schreibung“
- *Rant* statt *Rand* → „Konsonantenschreibung – d) auslautendes b/p, d/t, g/k“
- *das essen* statt *das Essen* → „Groß- und Kleinschreibung“

Vielleicht hilft dir jemand dabei?

Wenn du genügend Aufsätze usw. ausgewertet hast, wirst du sicher schnell erkennen, wo deine **Fehlerschwerpunkte** liegen.

Dann kannst du gezielt die Kapitel üben, die für dich wichtig sind, und musst nicht deine Zeit mit Kapiteln verschwenden, die du eigentlich beherrschst.

Fehler-Checkliste

Fehlertyp im Bereich …	**Erläuterung, Beispiel**	**Platz für die Striche**
Konsonantenverdoppelung / Schärfung	*renen* statt *rennen*, *hefftig* statt *heftig*	
Dehnung	a) Dehnungs-**h** *wälen* statt *wählen*, *schwehben* statt *schweben*	
	b) Fehler bei **i/ie/ieh, a/aa, e/ee, o/oo**	
s-Schreibung	*eßen* statt *essen*, *Hasse* statt *Hase*	
das / dass		
Konsonantenschreibung (Schreibung von besonderen Mitlauten)	a) **v/f**	
	b) **x**-Laut (**x, gs, ks, chs, cks)**	
	c) **-lich, -ig**	
	d) auslautendes **b/p, d/t, g/k**	
	e) sonstige (z. B. *Granz* statt *Kranz*)	
Vokalschreibung (Schreibung von Selbstlauten)	Verwechslung von **e/ä, eu/äu**	
Groß- und Kleinschreibung		
Zusammen- und Getrennt-schreibung		
Trennung		
sonstige Fehler		

6. Die Schlimmen auf die Karten,
dann musst du nicht lange warten.
Plötzlich kannst du sie schreiben
und den Fehlerteufel vertreiben!

Vielleicht kennst du das **Karteikartensystem** bereits – zum Beispiel aus dem Englischunterricht. Es ist ideal zum Lernen von Regeln und schwierigen Wörtern! Du benötigst dazu:

- einen Karteikasten (ein Schuhkarton reicht völlig),
- passende Karteikarten und fünf Trennwände aus Pappe.

Auf der Vorderseite der **Karten** notierst du dir Fragen, Regeln und Wörter, die dir besonders schwerfallen. Auf der Rückseite stehen die Antworten. Beispiel:

vorne		hinten	
	der Flu ....? die Flü ....e?		der Fluss die Flüsse

Und so trainierst du:

- Jede Karte kommt zuerst in das erste Fach ganz vorne.
- Wenn du eine Frage richtig beantwortet hast, steckst du die Karte in das zweite Fach.
- Bei der nächsten Wiederholung wandert die Karte in das dritte Fach, wenn die Antwort richtig ist, usw. Hat eine Karte das fünfte Fach erreicht, kannst du sie in ein Kuvert stecken und erst nach drei bis vier Monaten wieder herausholen.
- Wenn du eine Frage falsch beantwortest, wandert die Karte sofort ins allererste Fach zurück. Diese Frage musst du offensichtlich noch ein wenig öfters üben.

Noch zwei Tipps:

- Schreibe niemals ähnliche Wörter oder Regeln auf eine Karte. Sonst kommst du nur durcheinander.
- Notiere auch nicht alle Wörter auf Karteikarten. Sonst würdest du den ganzen Kasten nach spätestens einer Woche auf den Müll werfen. Setze die Kärtchen nur für die Dinge ein, die du immer wieder falsch machst.

Es gibt übrigens auch **Lernprogramme für den PC**, die wie ein Karteikartensystem funktionieren, z. B. zum Lernen von Vokabeln!

7. Diktate als Übung: Das lass sein! Diktate als Test: Das ist fein!

Beim Diktateschreiben muss man schon wissen, wie man ein Wort schreibt, man lernt es nicht dabei. Deshalb sind Diktate nur als Test nach dem Üben geeignet, aber nicht zum Üben selbst.

Testdiktate, wie sie in diesem Band vorkommen, kannst du auf verschiedene Weise schreiben:

- als **Laufdiktat**: Das kennst du sicherlich: Du legst den Text in einiger Entfernung vom Schreibtisch hin. Du läufst dorthin, merkst dir einen Satz oder Teilsatz, kehrst zum Schreibtisch zurück und schreibst den Satz nieder, gehst wieder zum Buch, um dir den nächsten einzuprägen, usw.
- als **Kassettendiktat**: Du sprichst den Text auf eine Kassette und spielst sie beim Schreiben stückweise ab.
- Natürlich kannst du dir den Text auch von einem Freund oder Familienmitglied **diktieren lassen**. Wer auch immer diktiert, immer ist es wichtig, dass er ganz normal spricht. Keine künstlichen Betonungen! Im Ernstfall (z. B. bei Klassenarbeiten) bekommst du solche Hilfen auch nicht.

Egal, welche Form du wählst, du solltest nach jeder Zeile, die du beschreibst, eine **Leerzeile** lassen. Außerdem solltest du mit **Bleistift** schreiben. Warum erfährst du gleich.

Bei der **Diktatverbesserung** gehst du am besten so vor:

1. Zuerst alle richtigen Wörter mit Leuchtstift markieren – das zeigt dir, was du kannst!
2. Über die Fehlerwörter (also in die Leerzeile) mit Farbstift das ganze Wort richtig schreiben!
3. Die Art der Fehler überprüfen: Welche betreffen das gerade behandelte Rechtschreibproblem, welche nicht? Beim Training konzentrierst du dich auf die zweite Gruppe. (Man kann ja nicht alles auf einmal üben!)
4. Als Letztes radierst die falsch geschriebenen Wörter weg. Am Ende ist dein Text also fehlerfrei.

Wie kannst du nun die falschen Wörter üben? Einfach dreimal schreiben? Das hat keinen Sinn, denn meistens werden die Wörter dann ohne Mitdenken geschrieben. Auf der folgenden Seite findest du bessere Tipps!

8. Mancher braucht mehr, wo kriegt er's nur her?

Vielleicht machst du gewisse Fehler besonders oft, so dass die Übungen in diesem Band nicht ausreichen.

Du kannst dir natürlich **andere Trainingsbücher** besorgen, zum Beispiel die „Rechtschreib-Krimis“ oder „Diktate“ (mit Übungen), die von demselben Autor wie dieser Band stammen und ebenfalls im mentor Verlag erschienen sind.

Oder du **bastelst dir selbst Übungsmaterial**.
Dazu suchst du zunächst aus Übungsaufsätzen, Diktaten usw. die Wörter heraus, die zu dem Fehlerbereich passen, den du üben willst. Wenn du schon eine Wörterkartei angelegt hast, brauchst du nur diese durchzuforsten. Mit diesen Wörtern kannst du nun auf verschiedene Weise arbeiten:

- Wortfamilien bilden: *fliegen, wegfliegen, Fliege, Flieger …*
- Reimreihen bilden: *fliegen, biegen, liegen, siegen …*
- Rätsel zu den Wörtern verfassen und jemandem vorlegen, der das Wort dann schreiben muss – und du überprüfst, ob er es richtig geschrieben hat
- Verrückte Sätze bilden, in denen du möglichst viele Wörter unterbringst und die du dir dann am nächsten Tag diktieren lässt
- Beugungs- und Steigerungsübungen machen: *ich fliege, du fliegst, er fliegt …* oder *das Haus, des Hauses, dem Haus …* oder *groß, größer, am größten*

Und noch **zwei Tipps**:

- Wörter, die du besonders oft falsch schreibst, malst du auf ein **großes Plakat** und hängst es an einer Stelle auf, an der du oft vorbeikommst, z. B. an der Tür deines Zimmers, im Klo, an der Garderobe …
- oder du schreibst sie auf **gelbe Selbstklebezettel** und klebst sie überall hin …

9. Kannst du mit den Silben tanzen, vernichtest du die Fehlerwanzen!

Wenn du in Wörtern immer wieder **Buchstaben verdrehst oder auslässt**, ist die Methode **„Silbentanz"** besser für dich geeignet als viele andere Übungen. Vielleicht kennst du sie ja schon aus der Grundschule.

Beim Silbentanz zerlegst du ein Wort in die kleinsten Sprecheinheiten, die Silben. Dabei sprichst du das Wort laut und **rhythmisch** aus. Du kannst auch gleichmäßige Tanzbewegungen machen (deshalb spricht man vom Silbentanz!) oder die Hand im **Takt** hin- und herbewegen.

Bei schriftlichen Übungen setzt du unter die Wörter Silbenbögen wie im Beispiel:

Me lo ne

Me lo nen scha le

Ei sen bahn

Ei sen bahn ab teil

Mit dieser Methode trainierst du, bei jeder Silbe genau hinzuhören und keinen Buchstaben zu vergessen oder zu verdrehen.

Schreibweisen, zu denen du die Regeln kennen musst (z. B. die Groß- und Kleinschreibung), kannst du so natürlich nicht üben. Aber die besonders ärgerlichen Verdrehungs- und Auslassungsfehler lassen sich so wirksam verringern – regelmäßiges Training von 10 bis 15 Minuten pro Tag vorausgesetzt!

10. Helfen tut noch mancherlei, macht dich von Problemen frei!

Keinen Fehler stehen lassen!

Das gilt für Aufsätze, Hefteinträge usw.: Wenn du etwas geschrieben und korrigiert hast, darfst du keinen Fehler stehen lassen. Schreibe am besten mit Tinte oder Bleistift, dann kannst du den Fehler mit Tintenkiller oder Radiergummi unsichtbar machen. Wenn du nur den falschen Buchstaben durchstreichst und die Verbesserung darüber schreibst (das heißt meistens: hineinquetschst!), kann es passieren, dass dein Gedächtnis genau diese fehlerhafte Schreibweise abspeichert.

Sauber geschrieben, sauber gemerkt!

Du solltest immer versuchen, möglichst sauber und ordentlich zu schreiben, weil man dann die Wortbilder viel klarer im Kopf speichern kann. Ein verschmiert geschriebenes Wort wird eben auch nur verschmiert gespeichert.

Bring Farbe ins (Rechtschreib-)Leben!

Farbe ist ein ganz wesentliches Hilfsmittel, Wörter zu üben. Unterstreichen ist viel zu unauffällig. Hebe Lernwörter oder bestimmte Buchstaben, die dir Probleme machen, mit einem Textmarker hervor oder fahre sie mit einem farbigen Stift nach. Dann kannst du die Wörter viel besser im Gedächtnis speichern.

Druck- statt Schreibschrift kann helfen!

Manche Jugendliche mit Rechtschreibproblemen fangen automatisch an, statt der Schreibschrift wieder die Druckschrift zu benutzen, und machen auf einmal weniger Fehler. Anfangs haben sie zwar mit dem Schreibtempo etwas Probleme, aber das gibt sich meist schnell. Diese Methode hilft natürlich nicht jedem – aber vielleicht hilft sie gerade dir!

Jetzt kennst du vieleTipps und Trick für das Lernen und Üben der Rechtschreibung. Such dir die drei davon heraus, die dir am besten gefallen und fange **sofort** (nicht morgen, nein, jetzt sofort!) damit an! Nächsten Monat dann die nächsten drei …

Wir wünschen dir ganz viel Ausdauer dabei – dann kommt der Erfolg ganz bestimmt!

Grammatische Begriffe

Adjektiv	Eigenschaftswort, Wiewort
Adverb	Umstandswort
Akkusativ	4. Fall, Wen-Fall
Beugung	siehe Deklination und Konjugation
Dativ	3. Fall, Wem-Fall
Deklination, deklinieren	Beugen eines Substantivs (Hauptworts) oder Adjektivs (Eigenschaftsworts) durch verschiedene Fälle
Diphthong	Zwielaut **(ai, au, äu, ei, eu)**
Futur	Zukunft
Genitiv	2. Fall, Wessen-Fall
Imperfekt	1. Vergangenheit
Infinitiv	Grundform des Verbums (Zeitworts)
Komparativ	1. Steigerungsstufe *(größer, stärker)*
Konjugation, konjugieren	Beugen eines Verbums (Zeitworts) durch verschiedene Zeiten und Personen
Konsonant	Mitlaut **(b, c, ch, d, f, g, h, j, k, l, m, n, p, qu, r, s, sch, t, v, w, x, [y], z)**
Nominativ	1. Fall, Wer-Fall
Partizip	Mittelwort *(fließend, gehend; geflossen, gegangen)*
Perfekt	2. Vergangenheit
Plural	Mehrzahl
Präsens	Gegenwart
Präteritum	1. Vergangenheit
Pronomen	Fürwort
Singular	Einzahl
Substantiv	Hauptwort, Namenwort, Dingwort
Superlativ	2. und höchste Steigerungsstufe *(der größte …, der stärkste …)*
Umlaut	**ä, ö, ü; äu**
Verbum	Zeitwort, Tätigkeitswort, Tunwort
Vokal	Selbstlaut (**a, e, i, o, u, [y]**; auch Umlaute sind Vokale: **ä, ö, ü**)

Stichwortverzeichnis

Karton unterlegen, mit Messer anritzen (erstes Blatt aus technischen Gründen nicht perforiert)
Nach dem Heraustrennen bitte hier klammern

mentor Lernhilfe

Deutsch

5./6. Klasse

Rechtschreib-Fehlerjagd
Abenteuer mit den Geisterkids

Alexander Geist

Lösungsteil

(an der Perforation heraustrennen)

mentor
Eine Klasse besser.

1 Finde nur das Zauberwort …

Wortbausteine

Übung 1 S. 8

linke Spalte **Vorsilbe** mittlere Spalte **Wortstamm** rechte Spalte **Nachsilbe / Endung**

Übung 2 S. 9

Vorsilbe	Wortstamm	Nachsilbe / Endung
	Ruh	e
un	ruh	ig
be	ruh	igen
	ruh	igen
ge	ruh	sam
	ruh	elosen
Ge	ruh	samkeit

Übung 3 S. 9

wahr lich, be wahr t, wahr haftig, wahr zunehmen,
Wahr heit, be wahr heiten

Übung 4 S. 10

Der Wortstamm wird in fast allen Wörtern einer Wortfamilie **gleich** geschrieben.

Übung 5 S. 10

klug , un klug , Streb er, müh sam, Lös ung,
Lang samkeit, un glaub lich, glaub t, zorn ig, fäh ig

Übung 7 S. 11

dumm – dümm er – am dümm sten
lang – läng er – am läng sten
das Land – die Länd er – länd lich
frier en – er fror

Übung 8 S. 12

Folgende Aussagen musst du angekreuzt haben:
⊗ Diese Vor- und Nachsilben werden lang ausgesprochen.
⊗ In den Vor- und Nachsilben kommt kein Dehnungs-h vor.

Übung 9 S. 12

furchtbar, fruchtbar, wunderbar, sonderbar, begehbar
verständnislos, ereignislos, mühelos, arbeitslos
gehorsam, wirksam, mühsam, einsam, gemeinsam
Schicksal, Scheusal, Mühsal, Trübsal
mühselig, armselig, unselig
Reichtum, Eigentum, Altertum, Irrtum
Urwald, Urgroßvater, Ursache, Urmensch
uralt, urplötzlich

Übung 10 S. 13	Misstrauen Missverständnis Missachtung
Übung 11 S.13	Zauberin – Zauberinnen Lehrerin – Lehrerinnen Sportlerin – Sportlerinnen Tänzerin – Tänzerinnen Ärztin – Ärztinnen Geheimnis – Geheimnisse Missverständnis – Missverständnisse Kürbis – Kürbisse Iltis – Iltisse Albatros – Albatrosse Globus – Globusse Bus – Busse

2 Abschlussprüfung in der Geisterschule

Umgang mit dem Wörterbuch

Übung 1 S. 14
Lerche, lernen, letzte, leuchten, leugnen, Lexikon, Libelle, Licht, Lid, lieb, Liebling, Lied, Lift, lila, Lilie, Limonade

Übung 2 S. 15

zauberhaft	–	zaubern
gruselig	–	gruseln
Grausamkeit	–	grausam
gespenstisch	–	Gespenst
Training	–	trainieren
rötlich	–	rot

Übung 3 S.15

Gräser	–	Gras
sie aß	–	essen
er hat gepfiffen	–	pfeifen
älter	–	alt

Übung 4 S. 16

eiskalt	–	Eis und kalt
bärenstark	–	Bär und stark
Höllengeist	–	Hölle und Geist
voraussehen	–	voraus und sehen
erlösen	–	lösen

Übung 5 S. 17

Aufgabe 1:
Pilz, pingelig, Pinnwand, Pinsel, Pirat, plagen, Planet, plappern, Plastik, platzen, pleite, Plural, Polster, prallen, Prellung

Aufgabe 2:

Fledermäuse	–	Fledermaus
Drachenblut	–	Drache und Blut
verquirlen	–	quirlen
Zappelgespenster	–	zappeln und Gespenst
er goss	–	gießen

Aufgabe 3:
Möglichkeit 1: Ruine – rülpsen – rumpeln
Möglichkeit 2: rülpsen – Ruine – rumpeln

3 Die stinkende schwarze Blüte

k oder ck? z oder tz?

Übung 1 S. 19

Wörter mit **ck**	Wörter mit **tz**
pflücke bedeckt steckt glücken	Katzen Fratzen Spitzbergen Schatz

Wörter mit **k**	Wörter mit **z**
Haken stinkend	Pflanzen Kreuz schwarz

Übung 2 S. 19

Für Wörter mit **ck** bzw. **tz** gilt:
ⓧ Der Laut vor **ck** und **tz** ist ein Vokal.
ⓧ Der Laut wird kurz gesprochen.

Für Wörter mit **k** bzw. **z** gilt:
ⓧ Der Laut vor **k** oder **z** kann ein Vokal sein.
ⓧ Der Laut vor **k** oder **z** kann ein Konsonant sein.
ⓧ Der Vokal wird lang gesprochen.

Übung 3 S. 20

ck und **tz** stehen nur nach einem **kurzen Vokal**.
k und **z** stehen nur nach einem **langen Vokal** oder nach einem **Konsonanten**.

Übung 4 S. 20

Die sechs Freunde pa**ck**en sich warm ein und düsen los – verste**ck**t in ihrer Zauberwol**k**e. Plö**tz**lich durchzu**ck**t es Alice, als sie über einem Haufen za**ck**iger Felsen kreist. „Da, Freunde, das Kreu**z**!", ruft sie entzü**ck**t und win**k**t ihnen zu. Wir**k**lich, sie erbli**ck**en Felsen, die die Form eines auf dem Boden liegenden Kreu**z**es haben. So stand es auf der Scha**tz**karte! Die Geisterschar stür**z**t hinunter und landet. „Und wo ist es heiß?", will Marco wissen. Im selben Augenbli**ck** schießt hinter ihm ein Wasserstrahl empor. Die Hi**tz**e ist gewaltig. Zugleich stin**k**t es entse**tz**lich.

Übung 5 S. 21

„Je**tz**t müssen wir nur noch unsere Nasen in diesen Gestan**k** ste**ck**en",wi**tz**elt Alice, „damit wir diese schwar**z**e Blume entde**ck**en." Im gleichen Moment hören sie Marco kreischen. Erschro**ck**en schauen sie zu ihm und mer**k**en nur noch, dass er in ein Bodenloch hineinsa**ck**t. „Po**tz** Teufel, was ist das?", schreit John und rast zu dem Loch, in das Marco gestür**z**t ist. Da ertönt dessen Stimme: „Hey, kommt runter! Das ist der Eingang zu einer Höhle. Hier ran**k**en sich sogar Schlingpflan**z**en empor." Das lassen sich die Geisterkids nicht zweimal sagen!

Übung 6 S. 21	blinken	schlank	Schmerzen
	sinken	Bank	Herzen
	schminken	krank	Kerzen
	trinken	Gestank	verscherzen
	winken	Tank	

Übung 7 S. 21	frohlocken	glücken	schwitzen
	Pocken	bücken	flitzen
	trocken	drücken	spitzen
	aufstocken	schmücken	spritzen

Übung 8
S. 22

Ihr dummen Pflan**z**en,
wir werden mit euch Wal**z**er tan**z**en,
bis eure grünen Her**z**en
vor Schwindel schmer**z**en.

Über eure Wur**z**eln
werdet ihr pur**z**eln!

Wer wie ihr stin**k**t
und jämmerlich hin**k**t,
landet flin**k** an einem Ha**k**en
wie ein altes La**k**en.

Mit euren kur**z**en Schwän**z**en
könnt ihr nicht glän**z**en.

4 Jagt den Höllenwolf!

Doppelkonsonanten

Übung 1
S. 24

er hol en, er hol sam	Kält e, kalt	Höll e, höll isch
ruf en, Ruf hoff en,	heft en, heft ig	Hoff nung

Übung 2
S. 24

lang gesprochener Vokal	**kurz gesprochener** Vokal	**kurz gesprochener** Vokal

Übung 3
S. 25

Der Höllenhund ist ein **schlimm es** Monster. Er **be wirkt**, dass sich **Mensch en** mit **all er Kraft** hassen. Leider kann er sich **ver mummen**, damit ihn niemand **er kenn t**. Nur ein **Merk mal** bleibt immer **er halt en**: eine Narbe am **Kinn**.

Konsonantenverdoppelung nach kurzem Vokal	**keine Konsonantenverdoppelung nach kurzem Vokal**
schlimmes	bewirkt
aller	Menschen
vermummen	Kraft
erkennt	Merkmal
Kinn	erhalten

Übung 4
S. 25

dumm → die **Dumm**heit
hoffen → die **Hoff**nung
irren → der **Irr**tum
Hölle → **höll**isch
stumm → ver**stumm**en
brüllen → das Ge**brüll**

Übung 5
S. 26

Die Schlossgespenster
Sie hausen in Schlössern und Burgen und sind noch die harmlosesten Gesellen. Gerne klappern sie mit Ketten, lassen Balken knarren oder Fenster klirren. Sie scheppern mit alten Rüstungen von Rittern und stoßen schrille Schreie aus. Wenn sie durch die Zimmer flattern, werden die Bewohner starr vor Schreck – mehr jedoch meist nicht. Nur selten ist ein wirklicher Killer unter diesen Gespenstern.

Die Wettergeister
Erbarmungslos lassen sie die grelle Sonne auf das Land herabbrennen oder jagen Unwetter über Gebirge. Ihre Stürme zerstören die Hütten armer Menschen genauso wie den Besitz der Reichen.

Die Moor- und Nebelgeister
Moor- und Nebelgeister führen Reisende in die Irre. Seit es kaum mehr Sümpfe gibt, in die diese Gespenster jemanden zerren können, verwirren sie Autofahrer im Nebel oder bei heftigen Regengüssen. Das sind dann die so genannten Geisterfahrer auf den Autobahnen!

Die Hassgeister
Sie sind die schlimmsten Schurken. Denn sie können Menschen dazu bringen, dass sie spinnen und überschnappen, sich plötzlich anbrüllen und mit Hass verfolgen. Andere Menschen verfallen der Raffgier oder werden zu Killern. Der Höllenwolf ist eines dieser hässlichen Monster.

Übung 6
S. 26

Die Schlossgespenster
Sie hausen in Schlössern und Burgen und sind noch die harmlosesten Gesellen. Gerne klappern sie mit Ketten, lassen Balken knarren oder Fenster klirren. Sie scheppern mit alten Rüstungen von Rittern und stoßen schrille Schreie aus. Wenn sie durch die Zimmer flattern, werden die Bewohner starr vor Schreck – mehr jedoch meist nicht. Nur selten ist ein wirklicher Killer unter diesen Gespenstern.

Die Wettergeister
Erbarmungslos lassen sie die grelle Sonne auf das Land herabbrennen oder jagen Unwetter über Gebirge. Ihre Stürme zerstören die Hütten armer Menschen genauso wie den Besitz der Reichen.

Die Moor- und Nebelgeister
Moor- und Nebelgeister führen Reisende in die Irre. Seit es kaum mehr Sümpfe gibt, in die diese Gespenster jemanden zerren können, verwirren sie Autofahrer im Nebel oder bei heftigen Regengüssen. Das sind dann die so genannten Geisterfahrer auf den Autobahnen!

Die Hassgeister
Sie sind die schlimmsten Schurken. Denn sie können Menschen dazu bringen, dass sie spinnen und überschnappen, sich plötzlich anbrüllen und mit Hass verfolgen. Andere Menschen verfallen der Raffgier oder werden zu Killern. Der Höllenwolf ist eines dieser hässlichen Monster.

Übung 8 S. 27

Die fünf Geisterkids lassen sich nicht abschrecken. So kommt keine Missstimmung auf. Gleich beginnen sie ihre große Reise quer durch die Welt, um den Höllenwolf zu jagen. Teils ist es eine Schifffahrt, teils reisen sie per Geisterjet. „Bei der großen Stammmutter aller guten Geister, wir wollen ihn kriegen!" Das schwören sie sich. Immerhin würden sie ihn an seiner Kinnnarbe erkennen können. Leider stellen sie sich das Ganze leichter vor, als es werden sollte.

Übung 9 S. 27

1. Fall: Nach der Vorsilbe **miss-** folgt ein Wort, das mit **s** beginnt: Mi**ss** + **s**timmung.
2. Fall: Ein aus zwei Wörtern zusammengesetztes Wort, wobei das erste auf einen Doppelkonsonanten endet und das zweite mit demselben Konsonanten beginnt: Schi**ff** + **f**ahrt, Sta**mm** + **m**utter, Ki**nn** + **n**arbe.

Übung 10 S. 27

Sauerstoff + Flasche	=	Sauersto**fff**lasche
Ballett + Tänzerin	=	Balle**ttt**änzerin
Bett + Tuch	=	Be**ttt**uch
Fett + Tropfen	=	Fe**ttt**ropfen
fett + triefend	=	fe**ttt**riefend
Woll(e) + Lappen	=	Wo**lll**appen

5 Von Arabien zum Oktoberfest

Dehnung

Übung 1 S. 28

Erstes Ziel der Geisterkids auf der Jagd nach dem Höllenwolf: eine arabische Hafenstadt. Der GGG, der Gute-Geister-Geheimdienst, hat sie informiert: Der Höllenwolf treibt sich hier immer wieder mit Kriegsgeistern herum. Auch liebt er es, harmlose Menschen zu Dieben zu machen. Dies lässt auf den riesigen Märkten der Stadt schnell Hass entstehen.
Alice hat schließlich eine Idee, wie sie den Höllenwolf aufspüren können: „Verteilen wir uns in den vielen Gassen." Jeder fliegt also in eine andere Richtung.

Übung 2 S. 28

dikt**ieren**, kap**ieren**, rad**ieren**, gratul**ieren**
Klav**ier**, Pap**ier**
Melod**ie**, Industr**ie**

Übung 3 S. 29

Leonie fliegt zu einem Platz. Menschen gehen **spazieren**. Sie hört, wie jemand eine liebliche **Melodie** singt. Im Café **serviert** ein Kellner Tee. Artisten **jonglieren** mit Bällen. Überall herrscht **Harmonie**. Da **passiert** etwas: Der Ball eines Artisten trifft einen Gast. Sofort entsteht Streit. Leonie ahnt: Der Höllenwolf ist da.

Übung 4 S. 29

V**ieh**: der V**ieh**dieb	stehlen: er st**ieh**lt
w**ieh**ern: das Pferd w**ieh**ert	sehen: du s**ieh**st
fl**ieh**en: er fl**ieh**t	geschehen: es gesch**ieh**t
z**ieh**en: er z**ieh**t weg	befehlen: du bef**iehl**st
verzeihen: er verz**ieh** (1. Vergangenheit)	

Übung 5 S. 30

Die gesuchten Wörter von oben nach unten:
Klima, Tiger, Idee, Augenlid, Igel, Bibel, Liter
Lösungswort: **Krieger**

Übung 6 S. 30

-ine	Maschine, Gardine, Rosine
-in	Benzin, Vitamin, Kamin, Medizin, Termin
-il	Ventil, Krokodil

Übung 7 S. 31

widerlich **wider**setzen **Wider**stand er**wider**n

Übung 9 S. 31

John reitet zu einem Palast. H**ie**r begegnet er einer n**ie**dlichen Prinzessin. In ihrem verschleierten Gesicht l**ie**gen nur die t**ie**fblauen Augen frei. Verschämt senkt s**ie** ihre Augenl**i**der. Sie st**iehl**t John den Verstand. „Du Herzensd**ie**bin!", flüstert er immer w**ie**der verl**ie**bt. Ein D**ie**ner serv**ie**rt Tee, ein anderer sp**ie**lt Johns L**ie**blingsmelod**ie** auf dem Klav**ie**r. Da hebt ein Windhauch den Schleier der Prinzessin. Und was s**ieh**t John? Eine Narbe an ihrem Kinn! „Du w**i**derlicher

Höllenwolf!", brüllt er mit r**ie**siger Wut. Er will das Monster packen, doch es verwandelt sich in eine übel r**ie**chende Z**ie**ge und entfl**ieh**t auf einem fl**ie**genden Teppich. Armer John!

Übung 10
S. 32

nah, näh er, sich näh ern	trau en, ver trau en, ver trau t
droh en, du droh st, Droh ung	treu, Treu e

Übung 11
S. 32

Am Wortstammende steht ein **einfacher langer Vokal.**	Am Wortstammende steht ein **Diphthong.**
→ Dehnungs-**h**	→ kein Dehnungs-**h**

Übung 12
S. 33

nah:	näh er, An näh erung
droh en:	Droh ung, be droh lich
Ruh e:	ruh ig, ruh en
Müh e:	müh sam, be müh en
dreh en:	Dreh ung, durchge dreh t

Übung 13
S. 33

ich dreh e	→ du dreh st, er dreh te
ich flieh e	→ du flieh st, er floh
ich seh e	→ du sieh st, er sah

Übung 14
S. 33

Nur im **Stroh** bin ich **froh**.
Wenn böse Geister zu uns **ziehen**, müssen wir **fliehen**.
Nicht nur in aller **Frühe** gebe ich mir **Mühe**.
In der **Nähe** krächzt eine **Krähe**.

Übung 15
S. 34

Die hervorgehobenen Wörter müssen diktiert werden.

Die Geisterkids **trauern** nicht lange. „Was auch immer **geschieht**, wir bewahren die **Ruhe** und **bemühen** uns weiter", **empfiehlt** Marco, der ja immer alles ganz **ruhig** angeht. „Doch welches Ziel sollen wir jetzt **ansteuern**?", überlegt Sebastian. Alice schlägt vor: „Legen wir uns doch irgendwo auf die **Lauer**! Am besten **ziehen** wir dorthin, wo der Höllenwolf schon **früher** oft war." **Mühsam** studieren sie alte Unterlagen, die sie mitbekommen haben. „Ich hab's!", **freut** sich Leonie. „Morgen beginnt in München das Oktoberfest, ein großes Volksfest. Dort hat der Höllenwolf noch immer **mitgefeiert**." Weil München bekanntlich nicht am Meer liegt, fliegen sie mit einem Geisterjet vom nächsten Flughafen los. (Die Menschen **ahnen** gar nicht, wer ihre Flughäfen so alles benutzt!) Ihr Geisterschiff lassen sie unbewacht in der arabischen Hafenstadt liegen. Das sollten sie noch bitter **bereuen**.

Übung 16
S. 35

Ein Dehnungs-**h** kann nur vor den Konsonanten **l**, **m**, **n** und **r** stehen!

Übung 17
S. 35

Ein Dehnungs-**h** steht, wenn überhaupt, nur in Wörtern, deren **Stamm** auf **l**, **m**, **n** oder **r** endet.

Übung 18
S. 35

Das Oktoberfest ist ein **be rühm tes** Volksfest. Es ist in der Tat ein **lohn ens**wertes Ziel für den Höllenwolf, diesen schäbigen Plagegeist. Denn in dem Lärm der Musikkapellen und der **Fahr** geschäfte können viele keinen **kühl en** Kopf **be wahr en**. Lärm und Bier ergeben eine **ge fähr liche** Mischung. Der Höllenwolf hat **zahl** reiche Möglichkeiten, die Menschen aufeinander zu hetzen.
Nach ihrer Ankunft **nehm en** die Geisterkids die ersten bösen Werke des Höllenwolfs **wahr**. Vor dem Bierzelt prügeln sich zwei Betrunkene. Ein Stückchen weiter betrügt der Besitzer einer Bude seine Kunden. Und vor einem Karussell schenkt ein Mann einer Frau eine Rose – bloß ist es nicht seine Ehefrau …

Übung 19
S. 36

-hl	bezahlen, Gefühle, kahl, Mühle, wohl, strahlen, Kohle, Wahl
-hm	Ruhm, lähmen, nehmen
-hn	anlehnen, Fahne, Versöhnung, Sohn, ähnlich, Bohnen, Bahn, ohne
-hr	Wahrheit, Bohrer, Gefahr, verkehrt, während, belehren, führen, Ehre, erfahren, mehr, abwehren

Übung 21
S. 37

Diesmal versuchen die Geisterkids die Gefa**h**r, vom Höllenwolf hereingelegt zu werden, möglichst klein zu halten. Sie fliegen deshalb in zwei Gruppen und nicht alleine los. Außerdem ne**h**men sie Funkgeräte mit.
Da sieht Alice etwas: Me**h**rere Männer, die gerade zuvor noch beste Freunde waren, schlagen aufeinander ein. „Das sieht dem Höllenwolf ä**h**nlich“, denkt sie. Und in der Tat entdecken sie den üblen Kerl:
Er schwebt neben einer Fa**h**nenstange und verfü**h**rt mit seiner Gedankenkraft die beiden Männer, die sich prügeln, zu unversö**h**nlichem Hass. Nach kurzer Überlegung wissen die Geisterkids, wie sie vorgehen werden.

Übung 23
S. 38

Meine spitzen **Töne** sollen dich **wahnsinnig quälen**.
Ich werde dich wie die **Schale** einer Nuss zerknacken.
Vorsicht! Da **drüben schwebt** ein **Schulmonster**.
Das ist ja eine **schöne Bescherung**.
Ich mach dich nieder, du **schäbiges** Biest!
Jetzt geht’s euch **schwer** an den **Kragen**, hihihihi!

Übung 24
S. 38

Wörter, deren **Wortstamm** mit **qu**, **sch** oder **t** beginnt, enthalten kein Dehnungs-**h**, egal auf welchen Laut der Wortstamm endet.

Übung 25 S. 39

quer	→ über**quer**en	Schaden	→ be**schäd**igen
Qual	→ ge**quäl**t	Scham	→ be**schäm**en
schwer	→ er**schwer**en	Trost	→ ver**tröst**en
Schale	→ ab**schäl**en	Ton	→ ver**ton**en

Übung 26 S. 39

a) bequem, quälen, quieken, quietschvergnügt
b) Bescherung, schäbig, schädlich, Schal
c) schamhaft, schreien, schweben, schwerelos
d) Tal, Tat, Tod, Ton, Tor, Trost, Tür

Übung 27 S. 40

H**aa**r
P**aa**r
p**aa**r
St**aa**t
W**aa**ge
S**aa**t

Übung 28 S. 40

B**ee**re	B**ee**t	F**ee**	H**ee**r
l**ee**r	M**ee**r	Schn**ee**	S**ee**
S**ee**le	Sp**ee**r	T**ee**	T**ee**r
Arm**ee**	Kaff**ee**	Id**ee**	Kl**ee**

Übung 29 S. 41

B**oo**t, d**oo**f, M**oo**r, M**oo**s, Z**oo**

Übung 30 S. 41

h**aa**ren, w**aa**gerecht / w**aa**grecht, verh**ee**rend, s**ee**lisch

Übung 33 S. 42

[Sam]en, [Nam]en, [näm]lich, [däm]lich, [hör]en, [stör]en

Ausnahmegruppe 1: Wörter ohne Dehnungs-h, deren Wortstamm auf l, m, n oder r endet

Übung 34 S. 43

Hier einige Beispiele:
Plan: **plan**en, **Plan**ung, unge**plan**t
hören: Ge**hör**, **Hör**schaden, **Hör**gerät, un**hör**bar
grün: **grün**lich, **grün**en, **Grün**zeug, **Grün**kohl

Übung 35 S. 43

spulen, sparen, spülen, spüren

Übung 36 S. 43

nur – Schnur – Spur – stur
Natur – Flur – Kur
sparen – die Waren – sie waren

Übung 37 S. 43

klar – er**klär**en
stören – die **Stör**ung
malen – das Ge**mäl**de
bequem – die **Bequem**lichkeit

Übung 39 S. 44

Sie **reihen** die bösen Geister in einer lange **Reihe** auf. Einer sieht aus wie ein **Reiher** mit einem riesigen **Geweih**. Er redet sehr geschwollen: „Ich werde euch mein Ohr nicht **leihen**. Denn ich habe mein Leben dem Bösen **geweiht**."

Übung 40 S. 44

Wörter mit einem Diphthong (**ai**, **ei**, **eu**, **äu**, **au**) im Wortstamm schreibt man **ohne** Dehnungs-**h**.

Übung 41 S. 44

l**eih**en, verl**eih**en
r**eih**en, die R**eih**e
der R**eih**er
w**eih**en, W**eih**nachten
das Gew**eih**
verz**eih**en, Verz**eih**ung

6 Gefährliche Seuchen

e oder ä? eu oder äu?

Übung 1 S. 47

der Wald – die W**ä**lder
der Schaden – sch**ä**dlich
taub – bet**äu**ben
Ehre – un**e**hrlich
neu – n**eu**lich
das Feuer – f**eu**rig

Übung 2 S. 47

Wenn es in der Wortfamilie ein Wort mit **a** bzw. **au** gibt, schreibt man abgeleitete Formen mit **ä** bzw. **äu**.
Schreibt man Wörter mit **e** bzw. **eu**, dann schreibt man auch in abgeleiteten Formen **e** bzw. **eu**.

Übung 3 S. 47

Beule – einb**eu**len
Menge – verm**e**ngen
deuten – d**eu**tlich
freuen – Fr**eu**de
teuer – bet**eu**ern
Zeuge – überz**eu**gen
wenden – W**e**nde
scheuern – besch**eu**ert
streng – anstr**e**ngen
eng – ein**e**ngen
wehren – Abw**e**hr
wehren – Gew**e**hr
heften – h**e**ftig
Grenze – begr**e**nzen

Übung 4 S. 47

gef**ä**hrlich, **ä**rztlich, verst**ä**ndlich, sch**ä**dlich, j**ä**hrlich, t**ä**glich, n**ä**mlich

Übung 5 S. 48

die Wände – die W**a**nd
die Kälber – das K**a**lb
die Kräfte – die Kr**a**ft
die Fälle – der F**a**ll
die Länder – das L**a**nd
die Bäume – der B**au**m
die Dämme – der D**a**mm
die Denkmäler – das Denkm**a**l

Übung 6 S. 48

sanft → bes**ä**nftigen
Schranke → beschr**ä**nken
lachen → l**ä**cheln
Stand → st**ä**ndig, best**ä**ndig
Verstand → verst**ä**ndigen, verst**ä**ndlich
blau → einbl**äu**en, verbl**äu**en

Übung 7 S. 48

Diese Wörter musst du miteinander verbinden:
ach – ächzen
arg – ärgerlich
Krach – krächzen
Nacken – hartnäckig
gesamt – sämtliche
Land – Gelände

Übung 8 S. 49

Weil die Urwälder Südamerikas grenzenlos groß sind, verständigen die Geisterkids sämtliche guten Geister, die dort leben. Die strengen sich mächtig an, etwas von den schäbigen Plänen des Höllenwolfs herauszubekommen. Aber Nachrichten treffen nur recht spärlich ein. Währenddessen steuern die Geisterkids ihr Schiff den größten Fluss Südamerikas hinauf, den Amazonas. Die Stimmung im nächtlichen Urwald ist selbst für Geister beängstigend.

Endlich erhalten sie neue Nachrichten über die teuflischen Pläne des Höllenwolfs. Er hat tatsächlich einen Ort entdeckt, an dem einige Menschen an der Beulenpest erkrankt sind. Sofort hat er eine Menge von Reportern großer Fernsehsender benachrichtigt. Die sind ärgerlicherweise schon auf dem Weg, voller Freude auf eine gute „Story". „Wie können wir das Unglück nur abwenden?", ächzt John. Er ist ein Kämpfer und die Warterei quält ihn. Da kommt Alice eine Erleuchtung: „Wir müssen seine Pläne durchkreuzen, indem wir die Fernsehleute aufhalten." „Wie denn?", drängt Leonie. „Indem wir die Flugzeuge der Reporter woandershin lenken!" Und das tun sie mit ihren Zauberkräften auch. Der Höllenwolf heult zwar vor Wut, aber diesmal haben die Geisterkids gewonnen.

Tipp: Wenn du noch ein wenig mehr üben willst, kannst du dir den Text auf S. 46 diktieren lassen – natürlich auf zwei Tage verteilt.

Kampf im Urwalddschungel

Der s-Laut

Übung 1 S. 51

Einmal einfaches **s** – immer **einfaches s**

Einmal **ss / ß** – immer **ss / ß**, niemals **einfaches s**

Übung 2 S. 51

Wortfamilie „Riese“	**Wortfamilie „böse“**
Riesen riesiger	erboste bösartiger
Wortfamilie „List“	**Wortfamilie „Hass“**
List überlisten listig	hässlicher verhassten hassen
Wortfamilie „groß“	**Wortfamilie „schließen“**
groß Größe vergrößern	schließen Schluss schließlich

Übung 3 S. 52

ⓧ ein Konsonant

Übung 4 S. 52

s-Laut nach einem **Konsonanten**: immer einfaches **s**!

Übung 5 S. 52

Lin**s**e	Er**bs**e	Schna**ps**
wa**chs**en	we**chs**eln	Stö**ps**el
Fu**chs**	Rät**s**el	rü**lps**en
win**s**eln	Kre**bs**	Wa**chs**
Ke**ks**	lin**ks**	**Ins**el

Übung 6 S. 53

Re**st**, Te**st**, We**st**en
Mi**st**, Li**st**, Fri**st**, ni**st**en
Lu**st**, Fru**st**, Bru**st**, Kru**st**e
lä**st**ig, mä**st**en, belä**st**igen
fa**st**, Ra**st**, Ka**st**en
Gei**st**, mei**st**, drei**st**

Übung 7 S. 53

Fest → fe**st**lich
List → li**st**ig

Westen → we**st**lich
Rest → re**st**lich

Übung 8 S. 54

[hass]en, [lass]en, auf[fress]en, [Wiss]en, [müss]en, uner[mess]lich, [fass]en, [gräss]lich, [genuss]voll, [biss]chen

Übung 9 S. 54

Vor dem **ss** steht:
(X) ein **kurzer Vokal**

Worauf endet der Wortstamm? Er endet auf **ss**.

Übung 10 S. 55

Was für ein Genuss!
Ich verpass ihnen 'ne **Nuss**.

Ich werde sie fressen,
das bleibt **unvergessen**.

Bald tun sie nur mehr passen
in die kleinsten **Minitassen**.

Übung 12 S. 56

kurz gesprochener Vokal vor dem **s**-Laut	**lang** gesprochener Einzelvokal vor dem **s**-Laut	**Diphthong** (Zwielaut: **au**, **äu**, **eu**, **ai**, **ei**) vor dem **s**-Laut
Fesseltricks essen Wasserski	dösen herumdüsen abschießen Fußball	schmausen Eisenspeere schmeißen ausreißen

Übung 13 S. 56

Nach einem langem Vokal oder Diphthong steht **s** oder **ß**, aber niemals **ss**!

Übung 14 S. 57

außerdem, draußen, außen, Fußball, heiß, ich weiß, schneeweiß

Übung 16 S. 57

Nach einem langen Vokal oder Diphthong schreibt man ein **einfaches s**, wenn es stimmhaft gesprochen wird, und ein **scharfes ß**, wenn es stimmlos gesprochen wird.

Übung 17 S. 58

Gras – Gräser; döst – dösen; heiß – heiße;
schießt – schießen; bläst – blasen; verheißt – verheißen;
gießt – gießen; reißt – reißen; Windstoß – Windstöße;
groß – große; Hochhaus – Hochhäuser; grüßt – grüßen;
Bosheit – böse; Hinweis – Hinweise

Übung 19 S. 59

Einmal einfaches **s** –
immer **einfaches s**.

Einmal **ss / ß** –
immer **ss / ß**,
niemals **einfaches s**.

Übung 20 S. 59

Spaß:	**spaß**en, **spaß**ig, das **Späß**chen
büßen:	der **Büß**er, die **Buß**e
Kreis:	**kreis**en, einge**kreis**t
weisen:	der Be**weis**, unbe**weis**bar
Preis:	an**preis**en, **preis**wert

Übung 21 S. 60

Geist|er reiß|t ver|hass|t
list|ig grüß|t du |muss|t

Übung 22 S. 60

- **ßt** kommt zustande, wenn der Wortstamm auf **ß** endet und danach die Endung **t** folgt.
- **sst** ergibt sich, wenn der Wortstamm auf **ss** endet und danach die Endung **t** folgt.

Übung 23 S. 61

Wörter mit **st**	Wörter mit **ß-t**	Wörter mit **ss-t**
be|gei**st**|ert fe**st** lei**st**|et	hei**ß**|**t** schlie**ß**|**t** zer|rei**ß**|**t**	mü**ss**|ten er|fa**ss**|**t** ver|gi**ss**|**t**

Übung 24 S. 61

ß steht nach einem **langen** Vokal *(fließen)* oder einem **Diphthong** *(reißen)*.
ss steht nur nach einem **kurzen** Vokal *(Fluss)*.

Übung 25 S. 61

beißen – der Biss reißen – der Riss
fressen – der Fraß messen – das Maß

Übung 26 S. 62

Das Unwetter überrascht die Geisterkids.
⊗ dieses

Das ist schrecklich.
⊗ dieses

Dieses Donnern, **das** die Stille zerreißt, …
⊗ welches

Doch wir wissen, **dass** sie über den Höllenwolf …
⊗ durch kein Wort ersetzbar

Übung 27 S. 63

Man schreibt **das**, wenn man es durch *dieses* oder *welches* ersetzen kann. Sonst schreibt man **dass**.

Übung 28
S. 63

Das (**Dieses**) ist aber wirklich nötig, dass die Geistermeister den fünf Kids zu Hilfe kommen! **Das** (**Dieses**) plötzliche Unwetter lässt sie vergessen, dass ihre geistige Kraft ihre Rettung ist. Zaubersprüche und all **das** (**dieses**) wirken nur, wenn man daran glaubt, dass man stark ist.
Das (**Dieses**) gilt übrigens auch für dich! Ist es nicht oft so, dass du etwas gelernt hast, aber dass du es dann nicht anwenden kannst? Da kommt eine Aufgabe, und **das** (**dieses**) genügt, um dir **das** (**dieses**) Selbstvertrauen zu rauben, **das** (**welches**) du vorher hattest.
Das (**Dieses**) Unwetter, **das** (**welches**) die Geisterkids davonreißt, ist für dich vielleicht wie eine Klassenarbeit. Mach in Zukunft **das** (**dieses**), was die Geisterkids jetzt auch tun: Sie denken daran, dass sie stark sind, so dass sie all **das** (**dieses**) Gelernte anwenden können. Doch damit sie auch wirklich so stark sind, müssen sie natürlich vorher viel üben. Ohne **das** (**dieses**) geht es nicht. Wer sich Stärke einredet, ohne dass er sie sich angeeignet hat, belügt sich selbst.

Übung 30
S. 63

Das ist aber wirklich nötig, **dass** die Geistermeister den fünf Kids zu Hilfe kommmen! Das plötzliche Unwetter lässt sie vergessen, **dass** ihre geistige Kraft ihre Rettung ist. Zaubersprüche und all das wirken nur, wenn man daran glaubt, **dass** man stark ist.
Das gilt übrigens auch für dich! Ist es nicht oft so, **dass** du etwas gelernt hast, aber **dass** du es dann nicht anwenden kannst? Da kommt eine Aufgabe, und das genügt, um dir das Selbstvertrauen zu rauben, das du vorher hattest.
Das Unwetter, das die Geisterkids davonreißt, ist für dich vielleicht wie eine Klassenarbeit. Mach in Zukunft das, was die Geisterkids jetzt auch tun: Sie denken daran, **dass** sie stark sind, so **dass** sie all das Gelernte anwenden können. Doch damit sie auch wirklich so stark sind, müssen sie natürlich vorher viel üben. Ohne das geht es nicht. Wer sich Stärke einredet, ohne **dass** er sie sich angeeignet hat, belügt sich selbst.

Übung 33
S. 64

1. Einmal einfaches **s** – immer **einfaches s.** Einmal **ss / ß** – immer **ss / ß**, niemals **einfaches s**.
2. **s**-Laut nach einem **Konsonanten**: immer einfaches **s**!
3. Das **s** in den festen Verbindungen **st** und **sp** schreibt man immer mit einfachem **s**.
4. Folgt auf einen kurzen Vokal ein **s**-Laut, der am Ende des Wortstammes steht, schreibt man immer **ss**.
5. Nach einem langen Vokal oder Diphthong schreibt man ein **einfaches s**, wenn es stimmhaft gesprochen wird, und ein **scharfes ß**, wenn es stimmlos gesprochen wird. Niemals aber schreibt man **ss**!
6. Man schreibt **das**, wenn man es durch **dieses** oder **welches** ersetzen kann. Sonst schreibt man **dass**.

8 Gangster, Hexen und Vampire

Schwierige Konsonanten

Übung 1 S. 66

du [leg]st	des [Park]s	du [pack]st
sonn[tag]s	du [stink]st	ein[druck]svoll

Übung 2 S. 66

ich wanke →	du wankst	der Tank →	des Tanks
ich backe →	du backst	das Gepäck →	des Gepäcks

Übung 4 S. 67

1: Fu**chs**	2: Sa**chs**en	3: wa**chs**en	4: we**chs**eln
5: Wa**chs**	6: O**chs**e	7: Eide**chs**e	

Übung 6 S. 68

Was die Hexen vorhaben, setzen sie voller Wut um: Wenn ein braver Wanderer um die Kurve kommt, erschrecken sie ihn furchtbar. Sie wiehern wie tollwütiges Vieh oder rasen wie wilde Vögel auf die Menschen nieder. In der Bevölkerung spricht sich herum, dass es in den Bergwäldern furchtbar spukt. Das Volk hat so Angst, dass niemand mehr in die vielen schönen Berge fährt. Zugleich sind alle so voller Ärger, dass sie wie feurige Vulkane auf die Regierung schimpfen. Diese soll den verdammten Spuk beenden.
Wie der verteufelte Höllenwolf es geplant hat, erfahren die fünf Geisterkids von den Ereignissen. Sofort rasen sie hin. Vielleicht werden sie jetzt endlich den Höllenwolf vernichten.

Übung 7 S. 68

In deinem Wörterbuch könntest du z. B. folgende Wörter finden:
ver-: verabreden, verändern, Veranstaltung, verbergen, verbessern, Verbot, Verbrechen, Verdacht, vergessen, verlassen, Versuch, verzaubern (und viele, viele andere!)
vor-: voraus, vorbereiten, Vorbild, voreilig, Vorfahrt, Vorführung, Vorhang, vorlaut, vorlesen, Vormittag, Vorname, vorschlagen, Vorrat, Vorsilbe, Vorwahl (und viele weitere!)

Übung 8 S. 68

voll, brav, Kurve, Vieh, Vogel, Bevölkerung, Volk, viel, Vulkan, vielleicht

Übung 9 S. 69

Vater – vier – Sklave – Veilchen

Übung 11 S. 69

Schnell wie die **V**ögel **f**liegen die Geisterkids ins **f**erne Sachsen. Ihr **V**erdacht, der Höllenwol**f** sei an allem schuld, **v**erhärtet sich so**f**ort. **V**oller Schrecken sehen sie, wie die **v**erdammt wütende Be**v**ölkerung die Regierung beschimp**f**t und sogar einem bra**v**en Minister ein „**V**eilchen" schlägt. Die Politiker sind **v**öllig **f**ertig. Diesmal sind sie doch wirklich unschuldig! „**V**ielleicht müssen wir mit den Hexen **v**erhandeln", schlägt Sebastian **v**or. Sie **f**ürchten zwar ein wenig die Ge**f**ahr, aber **v**on alleine würde sich das Problem nicht lösen. Gesagt, getan! Glücklicherweise sind die Hexen **v**iel leichter zu überzeugen, als die Geisterkids dachten. Die Hexen sind selbst**v**erständlich **f**urchtbar wütend au**f** den Höllenwol**f**. Doch **v**on dem ist weit und breit nichts mehr zu entdecken.

Übung 12 S. 70

Hass → hässlich, hässliche
Schrecken → schrecklich, schreckliche
Angst → ängstlich, ängstliche
Gefahr → gefährlich, gefährliche

Übung 13 S. 70

Trauer → traurig, traurige
Zorn → zornig, zornige
Unruhe → unruhig, unruhige
Wahnsinn → wahnsinnig, wahnsinnige

Übung 14 S. 71

„Das ist nicht mehr **witzig**", schimpft Leonie. „Wie kann der Höllenwolf die **blutrünstigen** Vampire loslassen?!" John schreit **hitzig**: „Den Kerl mache ich **fertig**!"

Übung 15 S. 71

Die Geisterkids fliegen mut**ig** über die nächt**lichen** Wälder. Wo ist der schreck**liche** Vampir, der alle so entsetz**lich** fert**ig** macht? „Da, ein Vampirschloss!", ruft Alice plötz**lich**. „Und dort eine ries**ige** Menschenmenge. Die wollen das Schloss stürmen!" Unverzüg**lich** landen sie. Zufäll**ig** finden sie eine unheim**liche** Grabkammer, in der sich ein ängst**licher** kleiner Vampir versteckt. „Bitte tut mir nichts!", flüstert er jämmer**lich**. „Ich bin nur ein Draculakind." Mitleid**ig** kümmern sie sich um ihn. Sie erfahren: Der bösart**ige** Höllenwolf hat ihn aufgeweckt und list**ig** ins Nachbardorf gelockt. Dort versetzte er unabsicht**lich** die Menschen in völl**ige** Panik. Dabei ist der nied**liche** Dracula erst zweihundertfünfz**ig** Jahre alt und hat noch nie Menschen ausgesaugt. Die Geisterkids bringen ihn in ein fried**liches** Draculakinder-Waisenhaus. Frei**lich** ist ihnen der Höllenwolf entwischt.

Übung 16 S. 72

end lich be end en	ent spann en ent setz lich

Übung 17 S. 72

Du musst ankreuzen:
end ist ⊗ Wortstamm
ent- ist ⊗ Vorsilbe

Übung 18 S. 72

end ist **Wortstamm**	**ent-** ist **Vorsilbe**

Übung 19
S. 73

end lich	End spurt
un end lich	End runde
end los	End kampf
end gültig	End ergebnis
end en	End stand
be end en	End punkt
ver end en	End station
End losigkeit	End spiel
Un end lichkeit	End abrechnung

Übung 20
S. 73

Wie gerne würde ich den Höllenwolf in der un**end**lichen Weite des Weltalls **ent**sorgen.
Hoffentlich kommt es bald zur **Ent**scheidungsschlacht und zum **End**kampf.
Ich will **end**lich ein großer Geist sein.
Die Höllenwolfpläne müssen doch zu **ent**schlüsseln sein.
In der **Ent**spannung liegt die Kraft.

Übung 21
S. 74

Gra**b** – Grä**b**er	Erfol**g** – Erfol**g**e
Wal**d** – Wäl**d**er	tausen**d** – tausen**d**e
Sar**g** – Sär**g**e	brüllen**d** – brüllen**d**e
Anzu**g** – Anzü**g**e	singen**d** – singen**d**e
Ran**d** – Rän**d**er	stören**d** – stören**d**e

Übung 22
S. 75

Lei**d** – lei**d**en	tra**g**bar – tra**g**en
Lo**b** – lo**b**en	Säu**g**ling – sau**g**en
Rau**b** – rau**b**en	fol**g**sam – fol**g**en
Stau**b** – stau**b**en	fra**g**lich – fra**g**en
beruhi**g**t – beruhi**g**en	gelo**b**t – gelo**b**en

Übung 23
S. 75

gepum**p**t – pum**p**en	du bemer**k**st – bemer**k**en
Spal**t** – spal**t**en	du stül**p**st – stül**p**en
Pie**p**matz – pie**p**en	deu**t**lich – deu**t**en
Kal**k** – kal**k**en	Ra**t** – ra**t**en

Übung 24
S. 76

Im Lager der Gol**d**gräber geht es ü**b**rigens wil**d** zu. Die Kerle sind voller Ha**b**gier. Ständi**g** gi**b**t es Strei**t**.
Vor einem Zel**t** herrscht ein großes Tohuwabohu: Ein Jongleur wirft mit Bällen und Fackeln. Eine atemberauben**d** schöne Tänzerin schwingt ihre Hüften zu der Musi**k** einer dreiköpfigen Band. Die Darbietungen sind ein Riesenerfol**g** und die Gol**d**gräber bekommen den Mun**d** nicht zu. Denselben füllen sie sich jedoch umgehen**d** mit Schnaps. Die fünf Künstler (wer ist das wohl?) heizen das Gelage kräfti**g** an. Sie spendieren ein alkoholisches Geträn**k** nach dem anderen. Am Ende liegen alle berausch**t** und ohnmächti**g** auf dem San**d**boden. Nur die Geisterkids, die sich so schön verkleide**t** haben, nicht! Denn Geister können bekann**t**lich saufen, wie sie wollen, sie werden nie blau. Beneidenswer**t**!

Übung 25
S. 76

Du musst folgende Schreibweisen ankreuzen:
ⓧ am strahlen**d**sten
ⓧ am erbitter**t**sten
ⓧ am schönsten
Streiche die falschen Schreibweisen am besten gleich dick durch!

Übung 26
S. 77

gemein → am gemeinsten
verlogen → am verlogensten
gelungen → am gelungensten
spannend → am spannendsten
störend → am störendsten
bedeutend → am bedeutendsten
gefürchtet → am gefürchtetsten
geeignet → am geeignetsten
entwickelt → am entwickeltsten

9 Verspätung schafft Hass

Groß- und Kleinschreibung

Übung 1
S. 79

Bekanntlich erzeugt der Höllenwolf bei den Menschen gerne Hass und Wut. Nun kommt er auf eine neue Idee. Der Ort des Geschehens ist eine Großstadt in Amerika. Natürlich lässt der Satansbraten den Geisterkids eine Nachricht zukommen, um sie weiter durch die Welt zu jagen. Sein Plan, die lästige Bande der guten Geister loszuwerden, soll noch für viele Überraschungen sorgen.

Sicher interessiert dich der Plan des Höllenwolfs. Zuvor musst du wissen: Der böse Kerl besuchte eine Woche vorher in der Hölle einen Sonderlehrgang mit dem Titel: „Moderne Technik als Mittel zur Erzeugung von Bosheit“. Natürlich bestand er mit Auszeichnung. Wenn es um Gemeinheiten geht, ist er ein Streber. Jetzt weiß er, wie er mit geringer Anstrengung bei einer großen Menge von Menschen Hassgefühle erzeugen kann.

Übung 2
S. 79

Fortsetzung der Geschichte:
Fast alle **Großstädte** haben **Untergrundbahnen**. Wenn am **Morgen** viele **Leute** zur **Arbeit** wollen, stehen sie in **Scharen** auf dem **Bahnsteig**. Falls die **Bahn Verspätung** hat, brummt schon mancher ärgerlich. Da kommt die nächste **Durchsage**: „Die **U-Bahn** nach **Darton** hat weitere fünf **Minuten Verspätung**.“ Der **Unmut** wird stärker: hier ein nervöser **Blick** auf die **Uhr**, dort ein paar **Schimpfworte**. Ein **Bahnbeamter** wird angepöbelt und schimpft zurück, denn es ist ja nicht seine **Schuld**. Nun hat der **Höllenwolf** schon zwei **Menschen** auf den **Weg** zum **Hass** gebracht. Wieso der **Höllenwolf**? Ach ja, da ist noch eine **Erklärung** nötig.

Übung 3
S. 79

Die **Vorschläge** von dem **Kurs** in der **Hölle** waren prima.
Man muss nur die **Programme** in den **Computern** der **Bahn** durcheinander bringen.
Da fangen zwei **Frauen** einen **Streit** an. Wie schön!
Der **Kerl** macht der **Frau** schöne **Augen**. Gleich gibt sie ihm eine **Ohrfeige**.

Übung 4
S. 80

-ung / -ungen	Landung, Verspätung, Wirkung, Berührung, Belästigung, Bemerkungen, Meldung, Beruhigung, Bemühungen, Auseinandersetzungen
-nis / -nisse	Besorgnis, Erlebnis, Ereignisse
-heit	Gemeinheit, Frechheit, Dummheit
-keit	Heftigkeit, Erfolglosigkeit, Ratlosigkeit
-ei / -eien	Prügelei, Warterei, Streitereien

Übung 5
S. 81

spät + ung → die Verspätung
hoffen + ung → die Hoffnung
böse + heit → die Bosheit
heiter + keit → die Heiterkeit
hindern + nis → das Hindernis
schreien + ei → das Geschrei

Übung 6
S. 81

Die Geisterkids fliegen in die Stadtmitte. Dort herrscht Chaos: Wegen der U-Bahn-Verspätungen fahren viele mit dem Auto. Gewaltige Staus sind die Folge. Die Geisterkids beschließen zur U-Bahn-Zentrale zu fliegen. Ihre Hoffnung: „Vielleicht finden wir hier eine Lösung." Als sie ankommen, spüren sie die Verseuchung mit Bosheit. Um sich Klarheit zu verschaffen, setzen sie die schwarze Blume ein. Ihre Wirkung ist bekannt: Menschen, die eine Verbindung mit dem Bösen haben, halten den Gestank der Blüte nicht aus. Der Erfolg ist unglaublich: Alle Mitarbeiter in der Zentrale werden grün. In ihrer Umgebung jaulen schwarze Geister und stoßen wüste Beschimpfungen aus. Das Geschrei ist riesig.

Übung 8
S. 82

Die zweite Antwort ist richtig:
Zeitangaben schreibt man groß, wenn es sich um Substantive handelt.

Übung 11
S. 82

Du weißt ja, dass Geister durch Gedankenkraft miteinander in Verbindung treten. Wenn sie aber tagsüber über weite Strecken „reden" wollen, taucht ein Problem auf: Die Menschen schicken täglich viele Nachrichten durch die Luft. Das fängt schon morgens an und geht vormittags, mittags, nachmittags und abends weiter. Fernsehen, Radio, Mobilfunk – all das stört die Gedankenübertragung der Geister erheblich. Nur nachts, am besten mitternachts ist die Luft frei.

Übung 13
S. 83

gestern Morgen, gestern Mittag, gestern Abend
heute Morgen, heute Mittag, heute Abend
morgen Mittag, morgen Abend,
morgen Morgen (das sagt man zwar nicht, wäre aber möglich)

Übung 15
S. 84

Die Anredepronomen (Fürwörter) **Sie** und **Ihr** / **Ihre** / **Ihren** schreibt man immer **groß**.
Alle anderen Anredepronomen (**du**, **dein**, **dich**; **ihr**, **euer**, **euch**) schreibt man **klein**.

Übung 16
S. 84

Rednaxela: „Ich grüße **euch**, **ihr** Kinder."
Marco: „Wir grüßen **Sie**, o Meisterin der Geister."
Rednaxela: „Wie geht es **dir**, Marco?"
Marco: „Nicht gut. Wir brauchen **Ihre** Hilfe."
Esiul: „Na, dann solltet **ihr** uns erzählen, was bei **euch** los ist."

Marco beendet seinen Bericht mit den Worten: „Nun sind wir ratlos. Können **Sie** uns sagen, wie wir **sie**, diese vielen bösen Geister, aus der Stadt vertreiben können?“ Da mischt sich Ecila ein: „Ich kenne **euch** als kluge Geister. Die Lösung liegt so nahe.“
Alice: „Jetzt geben **Sie** uns ein Rätsel auf.“
Ecila: „Denkt doch mal scharf nach! Ein Tipp: Manchmal könnt **ihr** auch von bösen Geistern lernen. Denn **sie** sind gelegentlich auch klug.“
Leonie: „Natürlich! Ich hab's! O Meister, **Sie** meinen, dass wir auch in die Computer hineinschlüpfen müssen.“
Rednaxela: „Jetzt habt **ihr** die Lösung gefunden.“
John: „Wir danken **Ihnen**!“
Esiul: „Wir haben **euch** nur zugehört.“

Übung 17
S. 86

Die folgenden Sätze musst du ankreuzen:
⊗ Das **Spielen** am Computer macht Spaß.
⊗ Dieses **Spielen** am Computer ist lustig.
⊗ Sein ständiges **Spielen** am Computer nervt mich.

Übung 18
S. 87

Als Nächstes fliegen die Geisterkids in die Leitzentrale der U-Bahn zurück. Dieses Mal wollen sie ihr Eindringen geheim halten. Allerdings sitzt nur ein Mitarbeiter im Raum. Das Spannendste ist jetzt, ob ihr Plan klappen würde. Sie wollen sich so klein zaubern, dass sie durch das Diskettenlaufwerk in den Computer hineinkriechen können. „O. k.“, flüstert John. „Zum Schrumpfen brauchen wir den richtigen Zauberspruch.“ „Und der geht so“, erklärt Sebastian: „Das Große wird klein, das Kleine ist fein, was fein ist, muss sein.“ Schwupps, sind sie so klein wie Atome und fliegen in den eingeschalteten Computer. Etwas ganz Abenteuerliches steht ihnen bevor.

Übung 19
S. 87

zaubern: das Zaubern, dieses Zaubern, beim Zaubern, sein häufiges Zaubern
heulen: das Heulen, dieses Heulen, beim Heulen, sein häufiges Heulen

Übung 20
S. 87

abenteuerlich: das Abenteuerliche, wenig Abenteuerliches, etwas Abenteuerliches, viel Abenteuerliches, nichts Abenteuerliches
schön: das Schöne, wenig Schönes, etwas Schönes, viel Schönes, nichts Schönes

Übung 21
S. 87

Gleich nach **dem Eindringen** in den Computer werden sie vom Datenstrom mitgerissen. Es ist wie **das Reiten** auf einem wilden Pferd. **Dieses Reiten** müssen sie erst lernen. **Das Ganze** ist für sie **etwas** richtig **Schmerzhaftes**. **Ein** heftiges **Ziehen** und **Zerren** erfasst ihre Körper. Schwierig ist **das Halten** der Richtung. **Ein** ständiges **Strömen** von Daten lässt sie ganz wirr werden. Doch allmählich lernen sie **das Reisen** im Datennetz der U-Bahn.

Übung 22
S. 88

Sage noch einmal jemand, **das Reisen** im Computernetz biete **wenig Abwechslungsreiches**. Die Geisterkids erleben **viel Interessantes**. Beispielsweise landen sie aus Versehen im Computer eines U-Bahn-Beamten in irgendeinem Bahnhof. Der gute Mann tut nun unwissentlich **etwas Entsetzliches**: Er schaltet den Computer ab. Marco beruhigt die anderen: „**Das Schlimmste**, was uns passieren kann, ist **Folgendes**: Wir müssen hier ein paar Stunden verbringen.“ „Aber wenn **etwas Schlimmeres** passiert? Vielleicht geht der Beamte für länger weg“, erwidert John aufgeregt.

Übung 25
S. 89

auf dem Laufenden sein – den Kürzeren ziehen
ins Reine schreiben – im Ungewissen lassen
alles beim Alten lassen – das Weite suchen
ins Lächerliche ziehen – den Letzten beißen die Hunde

Übung 26
S. 90

am dümmsten, am besten, am langweiligsten, am lustigsten, am schlechtesten

Übung 27
S. 90

Vor kurzem kamen von nah und fern ein paar Leute zum Höllenwolf. Die meisten wollten seit langem ohne weiteres ein bisschen durch dick und dünn gehen und ein wenig zaubern lernen.

Übung 28
S. 91

Die Geisterkids planen **ihr Vorhaben** genau: Sie wollen getrennt durch das Netz ziehen, aber immer in Verbindung bleiben. **Am wahrscheinlichsten** treibt sich der Höllenwolf an wichtigen U-Bahnhöfen herum; deshalb begeben sie sich **als Erstes** dorthin. **Das Reisen** auf dem Datenstrom gelingt ihnen inzwischen **ohne weiteres**. Einige Zeit **tappen** sie jedoch **im Dunkeln**.

10 Jagd durchs Internet

Zusammen- und Getrenntschreibung

Übung 1 S. 92

Brot mit Wurst: Wurstbrot
Meister der Geister: Geistermeister
Spruch zum Zaubern: Zauberspruch
Buch zum Trainieren der Rechtschreibung:
Rechtschreibtrainingsbuch

Übung 2 S. 93

Rohre, in denen Wasser fließt → Wasserrohre / Abflussrohre
Damm, mit dem Wasser gestaut wird → Staudamm
Zeit, die dazwischen liegt → Zwischenzeit

Übung 3 S. 93

Der **Höllenwolf** bewirkt, dass die **Wasserrohre** eines **Staudamms** nicht mehr zu schließen sind. Riesige **Wassermassen** fließen davon. Die **Stadtverwaltung** holt mit **Tankwagen** Wasser. Aber andere **Höllengeister** sorgen dafür, dass es an **Tankstellen** kein Benzin mehr gibt. Die **Stadtbewohner** werden in der **Zwischenzeit** immer wütender.

Übung 5 S. 94

ablaufen, anlaufen, auflaufen, auslaufen, davonlaufen, durchlaufen, entlaufen, entgegenlaufen, entlanglaufen, herablaufen, herauslaufen, hinlaufen, hinzulaufen, verlaufen, vorauslaufen, vorlaufen, weglaufen, zurücklaufen

Übung 7 S. 95

1. **sitzen** bleiben, **spazieren** gehen, **kennen** lernen
   → **Verb** (Zeitwort)
2. **verloren** gehen, **gefangen** nehmen
   → **Partizip** (oft auch **Mittelwort** genannt: eine Form des Verbs; es reicht, wenn du **Verb** notierst)
3. **Auto** fahren, **Kopf** stehen, **Diät** halten
   → **Substantiv** (Nomen / Hauptwort)

Übung 8 S. 95

kennen lernen
einkaufen gehen, einkaufen lassen
fahren lassen, fahren lernen
gefangen nehmen
hängen bleiben, hängen lassen
kleben bleiben, kleben lassen
laufen lassen, laufen lernen
stehen bleiben, stehen lassen
spazieren gehen
verloren gehen

Übung 9 S. 96

Auto fahren, Auto spielen; Eis laufen, Eis machen; Feuer fangen, Feuer machen; Maschine schreiben; Halt machen; Klavier spielen; Kopf stehen; Pleite gehen, Pleite machen; Rad fahren; Schlange stehen; Ski fahren, Ski laufen

Übung 11 S. 96

ich lerne auswendig → ich habe auswendig gelernt
ich mache fertig → ich habe fertig gemacht
ich lasse übrig → ich habe übrig gelassen
ich war da → ich bin da gewesen
ich war weg → ich bin weg gewesen

Übung 12 S. 97

Die letzte Schulstunde beginnt. Manche fragen sich: „Werde ich sitzen bleiben? Wird mir nichts anderes übrig bleiben, als das Jahr zu wiederholen?" Andere lassen sich von dem bevorstehenden Zeugnis nicht fertig machen. Sie malen sich die Freuden der Ferien aus. Sie würden Rad fahren oder spazieren gehen und schön faul sein. Vielleicht können sie auch neue Freunde kennen lernen. Als der Lehrer da ist, werden die Zeugnisse verteilt. Plötzlich ist es still. Man sieht, dass alle Schüler ganz bleich sind. In ihren Zeugnissen stehen nur Fünfer und Sechser. Sie sind alle sitzen geblieben!
Eltern und Schüler toben: Wollen die Lehrer alle Kinder fertig machen? Sie stürmen die Schulen und wollen die Lehrer gefangen nehmen. Vor Zorn können sie nicht mehr logisch denken. Die Lehrer können es nicht fertig bringen, die Menschen zu beruhigen. Diese beginnen nicht nur lästig zu fallen, sondern sogar bedrohlich zu werden.

Übung 14 S. 98

von Hass erfüllt	→ hasserfüllt
das Herz zerreißend	→ herzzerreißend
vor Wut entbrannt	→ wutentbrannt
zum Schutz impfen	→ schutzimpfen
aus Not landen	→ notlanden
mit Brüchen rechnen	→ bruchrechnen
mit dem Kopf rechnen	→ kopfrechnen

Übung 16 S. 99

Die Geisterkids erfahren von den **Aufsehen erregenden** Ereignissen schnell. Die **angsterfüllten** Lehrer verschanzen sich in den Schulen. Ganz Westaustralien ist **hasserfüllt**.
„Ich sah nie Lehrer so **herzzerreißend** weinen", meint Alice. „Die Eltern sehen aus wie **Feuer speiende** Drachen." Sebastian sagt **kopfschüttelnd**: „Was tun wir jetzt?"
Die Geisterkids überlegen: Wie können sie die **Not leidenden** Lehrer retten? Leonie findet die Lösung. Mit Gedankenkraft bringen sie den Schulminister dazu, im Fernsehen zu sprechen: „Glauben Sie mir, dass mir das alles **Leid tut**. Die Computer sind schuld. Die Lösung ist: Dieses Jahr wird kein Kind **sitzen bleiben**." Da sieht man überall nur mehr **freudestrahlende** Gesichter. Lehrer und Kinder können so vergnügt wie noch nie **Rad fahren** oder **sonnenbaden**.

Übung 17
S. 100

Wortgruppen mit **so, wie, zu** am Anfang	wie viele, so oft, (viel) zu wenig, wie oft, so viele, zu Hause, so schnell
Wortgruppen mit **-einander** und **-wärts** am Anfang	aneinander geraten, auseinander setzen, vorwärts kommen, abwärts gehen
sonstige getrennt geschriebene Wortgruppen	wieder einmal, nicht einmal, immer noch, immer wieder, viel zu wenig, nur mehr, vor allem, erst einmal, auf einmal, gar nicht

Übung 20
S. 102

brandneu – todkrank
grundverschieden – superschnell
bitterböse – lauwarm
urgemütlich – todschick
oberschlau – knallgelb
supergefährlich – schnellstmöglich

Übung 21
S. 102

Wortzusammen-setzungen mit **irgend-**	irgendwelchen, irgendwie, irgendjemand, irgendetwas, irgendwann
Wortzusammen-setzungen mit **-selben**	dieselben, dasselbe
sonstige Wort-zusammensetzungen	wieso, überall, diesmal, tatsächlich, nochmals, manchmal, beinahe, ebenso, jedermann, deshalb, niemals, gleichzeitig, genauso, tagelang, jederzeit, allerdings, sofort

Übung 22
S. 103

irgendwie, irgendwo, irgendwann, irgendwer, irgendwas, irgendwelche, irgendetwas, irgendjemand

Übung 23
S. 104

derselbe Geist, dieselbe Hexe, dasselbe Geisterhaus, desselben Höllenwolfs, denselben Zaubersprüchen

Übung 24
S. 104

Wörter, die **so** enthalten	wieso, ebenso, genauso, sofort
Wörter, die **mal**, **mals** enthalten	diesmal, nochmals, manchmal, niemals
Wörter, die **jeder** enthalten	jedermann, jederzeit
Wörter, die **all** enthalten	überall, allerdings
sonstige Wörter	tatsächlich, beinahe, deshalb, gleichzeitig, tagelang

Übung 25
S. 105

Jetzt ist der Zeitpunkt gekommen, an dem die Geisterkids nicht mehr alleine kämpfen können. Eine Geheimbotschaft erreicht die guten Geister in der ganzen Welt: „Alle müssen uns schnellstmöglich helfen.“ Von überall kommen sie zum Treffpunkt, einer Insel vor Japan. Sie haben alles liegen und stehen lassen. Irgendwie klappt die Geheimhaltung tatsächlich. Dem bitterbösen Höllenwolf wird nichts verraten.
Er soll den Einfallsreichtum der Geisterkids kennen lernen. Nachdem sie den anderen guten Geistern ihren superklugen Plan erklärt haben, beginnt der Kampf. Er soll in die Geschichtsbücher der Geisterwelt eingehen.

11 Endkampf in der Hölle

Worttrennung

Übung 1 S. 106
Schwe|fel
Je|dem Men|schen wür|de
lie|ben die|sen

Übung 2 S. 106
Du musst jeweils die linke Form ankreuzen.
Streiche die falschen Formen am besten gleich dick durch!

Übung 3 S. 106
Der Konsonant kommt auf die nächste Zeile.

Übung 4 S. 107
Du musst jeweils die Form in der rechten Spalte ankreuzen.
Falsche Formen wieder durchstreichen!

Übung 5 S. 107
In diesem Fall kommt nur der letzte Konsonant auf die neue Zeile.

Übung 6 S. 107
Der gro|ße Rat der bö|sen Teu|fel sitzt bei|sam|men. Nur der Haupt|teu|fel fehlt. An sei|ner Stel|le ist sei|ne kahl|köp|fi|ge, ver|schrum|pel|te Groß|mut|ter ge|kom|men. Die ist üb|ri|gens ge|nau|so ent|setz|lich wie er. Al|le schimp|fen zor|nig.

Übung 7 S. 107
O|fen, E|ber, A|ben|teu|er, a|bends, o|ber|halb, ü|ber

Übung 8 S. 108
Du musst jeweils die ganz rechts stehende Form ankreuzen.
Vergiss nicht, die falsche Form gleich durchzustreichen!

Übung 9 S. 108
Folgende Verbindungen von Konsonanten dürfen nie getrennt werden: **ch**, **ck** und **sch**.

Übung 10 S. 108
ki|chern, die Deut|schen, zwi|cken, er spuck|te

Übung 11 S. 108
Die lä|cher|li|chen Geis|ter|kids be|dro|hen uns.
Pfui Teu|fel! Die hel|fen den Men|schen.
Wir müs|sen die läs|ti|gen Kin|der ver|nich|ten.
Macht aus ih|nen ü|bel rie|chen|de Zu|cker|wat|te zum Auf|schle|cken!
Schickt sie zum Höl|len|metz|ger! Ich will fri|sches Geis|ter|fleisch!
Ich wer|de wahn|sin|nig.

Übung 12 S. 109
Du musst jeweils die rechts stehende Form ankreuzen.
Am besten die falsche Form wieder gleich dick durchstreichen!

Übung 13 S. 109
Ver|fol|gung, Pla|nung, Be|ra|tung, Be|schluss|fas|sung
Fein|din, Fein|din|nen, Höl|len|wöl|fin, Wöl|fin|nen
e|ke|lig, gars|tig, wahn|sin|nig
stin|kend, ra|send, heu|lend
ge|hen, be|mü|hen, jau|len, kra|chen

Übung 14 S. 110
Seit Tagen warten die Geisterkids auf einen **neu-en**
Einsatz. Sie wundern sich, denn **ur-plötz-lich**
ist es in der Welt friedlich geworden. **Nir-gends**
begegnen die Menschen sich **hass-er-füllt**.
Zugleich genießen sie die Ruhe, denn die **Kämp-fe**
haben doch zu großer **Er-schöp-fung**
geführt.
Urplötzlich tauchen von überall her **schwar-ze**
Wolken auf. Die Erde bebt. Riesige **Scha-ren**
böser Geister umzingeln das **In-sel-chen**,
auf dem die Geisterkids **Er-ho-lung**
gesucht haben. Der Ring zieht sich immer **en-ger**.
Sie wollen die **Geis-ter-meis-ter**
zu Hilfe rufen, doch vergeblich! Das **Bö-se**
lässt ihre Kräfte erlahmen. **Bann-sprü-che**
fesseln sie. Die bösen Geister **brin-gen**
die armen Geisterkids **ju-belnd**
in die Hölle.